문학 감정 읽는 AI

AI문고

인공지능 시대입니다. 기계가 인간의 인지를 대신하고, 사물이 인간을 통하지 않고 다른 사물과 직접 커뮤니케이션합니다. 이에 따른 인간 삶과 문명 변화를 정확히 이해·예측·대응하는 것은 이 시대 우리 모두의 과제입니다. AI문고는 인공지능 기술과 환경의 여러 주제를 10가지 키워드로 정리합니다. 관련 개념과 이론, 학계와 산업계의 쟁점, 우리 일상의 변화를 다룹니다. 인간과 기술의 현재, 미래를 세심히 분석합니다.

일러두기

- 인명, 작품명, 저서명, 개념어 등은 한글과 함께 괄호 안에 해당 국가의 원어를 병기했습니다.
- 외래어 표기는 현행 어문규정의 외래어표기법을 따랐습니다.

처음이세요?

전문가세요?

문학 감정 읽는 AI

지해인·김바로

대한민국, 서울, 커뮤니케이션북스, 2025

문학 감정 읽는 AI

지은이 지해인·김바로
펴낸이 박영률

초판 1쇄 펴낸날 2025년 8월 22일

커뮤니케이션북스(주)
출판 등록 2007년 8월 17일 제313-2007-000166호
02880 서울시 성북구 성북로 5-11
전화(02) 7474 001, 팩스(02) 736 5047
commbooks@commbooks.com
www.commbooks.com

ISBN 979-11-430-0637-0 03500

책값은 뒤표지에 표시되어 있습니다.

차례

기계가 감정을 읽는다는 것

문학 텍스트는 감정적 소통의 장이다. 독자는 특정 상황을 정확히 인식하지 못하더라도 '감정'이라는 보편적 코드를 통해 인물을 이해하고, 서사에 감응하며, 나아가 자기 삶을 투사한다.

이상(李箱)의 단편 소설이 현대 독자에게 여전히 생생히 읽히는 까닭이 여기에 있다. 이상의 문학에 나타난 비극성은 동류의식과 연민 등의 정서적 통로를 통해 당대와 오늘을 관통하며 독자에게 와닿는다.

전통적인 감성 분석(sentiment analysis)은 감성 어휘 사전과 규칙 기반의 단순 긍/부정 분류에서 출발했다. 그러나 이러한 방식은 풍자나 반어적 표현, 서사적인 맥락 등 문학 텍스트의 특수성을 포착하는 데 분명한 한계를 지녔다.

이에 최근에는 머신 러닝(machine learning) 혹은 딥러닝(deep learning)을 기반으로 한 감정 분석이 대두되고 있다. 이러한 접근은 문장 단위의 감정뿐 아니라 감정의 주체와 대상, 서사 흐름 속에서의 감정의 이동까지 포착할 수 있도록 진화하고 있다.

트랜스포머(Transformer) 모델에 기반한 대규모 언어 모델(Large Language Model, LLM)의 등장은 감정 분석의 한계를 크게 극복했다.

우선 언어 장벽이 낮아졌다. 예컨대 과거 한국어 감정 분석을 위해서는 한국어 감성 사전이나 한국어 말뭉치가 별도로 필요했지만, 이제는 m버트(mBERT, multilingual BERT) 같은 다국어 모델이나 챗GPT(ChatGPT) 같이 다중 언어를 이해하는 거대 모델을 사용해 한국어 텍스트도 상당히 정확하게 분석할 수 있게 되었다.

특히 버트(BERT, Bidirectional Encoder Representations from Transformers)를 비롯한 대규모 사전 학습 언어 모델의 등장은 문맥의 미묘한 변화까지 반영할 수 있도록 감정 분석의 정밀도를 높였고, 다중 감정 분류 체계에 대한 정량적 적용 가능성을 크게 제고했다.

이는 하나의 대규모 언어 모델이 여러 언어의 감정 표현을 학습했기에 가능한 일이다. 방대한 텍스트로 사전 학습된 이러한 모델들은 맥락을 양방향으로 이해하고 언어의 미묘한 뉘앙스를 포착함으로써, 감정 분석의 정확도와 융통성을 한층 높일 수 있었다.

요컨대, 딥 러닝과 대규모 언어 모델의 등장으로 감정

분석은 더 이상 어휘 사전에 얽매이지 않고, 방대한 데이터로부터 직접 학습한 언어 감각으로 인간에 가까운 수준의 분석을 수행하는 단계까지 발전했다. 이렇게 범용성과 다국어 처리 능력의 확장은 감정 분석 기술을 전 세계 어느 텍스트에나 적용할 수 있도록 만들고 있다.

요약하면, 텍스트 감정 분석 기술은 ① 키워드/규칙 기반의 단순 분류에서 출발해 ② 통계적 학습 기반의 정밀 분류 단계를 거쳐 ③ 딥 러닝 기반의 문맥적 이해와 다차원적 감정 인식으로 진화하고 있다고 할 수 있다.

이러한 흐름 속에서 이 책은 코테(KOTE, Korean Online That-gul Emotions) 같은 한국어 기반 감정 데이터세트를 활용해 문학 텍스트에 대한 감정 분석 실험을 수행했다.

코테는 5만여 건의 온라인 댓글을 크라우드소싱(crowdsourcing) 방식으로 레이블링한 감정 데이터세트로, '없음'을 포함한 총 44개 감정 범주를 갖는다.

이 연구에서는 이를 바탕으로 Kc엘렉트라(KcELECTRA) 모델을 파인 튜닝(fine-tuning)해 이상의 단편 소설 13편에 대한 문장 단위 감정 분석을 수행했다. 분석 결과는 각 문장마다 44개 감정에 대해 0에서 1 사이의 확률 값을 도출함으로써 감정의 분포와 흐름을 시각적으로 재구성할 수 있게 했다.

특히 이 연구는 감정 분석을 통해 문학 텍스트 속 에피파니(epiphany), 즉 돌연한 깨달음의 순간을 정량적으로 포착하고자 했다. '깨달음'(realization)은 코테의 중립 감정 중 하나로, 문학 내 인물의 인식의 전환 지점을 감정적 패턴 속에서 드러낸다.

분석 결과, 에피파니는 종종 불안, 공포, 놀람 같은 감정들이 선재한 뒤 '깨달음'과 '감동/감탄' 등의 감정이 돌출되는 양상으로 나타났으며, 이는 '정서적 선회'로서의 에피파니를 감지하는 데 유의미한 단서로 작용했다.

이상 문학 분석

이상의 〈집팽이轢死〉와 〈날개〉를 중심으로 한 구체적 사례 분석에서는 감정의 흐름이 정점에 달하는 지점에서 깨달음의 순간인 에피파니가 발생하며, 그 직전에 공포 · 불안 · 경악 · 당황 등의 감정이 고조되고, 직후에는 깨달음 · 감동 · 비장함 등의 감정이 상승하는 패턴이 확인되었다. 이는 기존의 질적 연구에서 언급되었던 문학적 각성의 순간, 즉 '에피파니'를 정량적 방식으로 포착하는 가능성을 제시한 것으로 평가할 수 있다.

이상의 단편 소설 전체에 대한 분석에서는 평균적으

로 '안타까움/실망', '깨달음', '불안/걱정' 등의 감정이 상대적으로 높게 나타났으며, '공포/무서움'이나 '증오/혐오', '화남/분노' 등 대상을 전제한 외향적 · 배제적 감정은 상대적으로 낮은 수치를 보였다. 이는 이상의 서사에서 감정이 외부를 향해 폭발하기보다는 내면에 침잠해 맴도는 형태로 표현되는 경향을 반영한다.

한편, '슬픔'과 '절망', '죄책감', '패배/자기혐오' 간의 높은 상관성은 이상의 문학이 보여 주는 비애적 정서를 계량적으로 확인할 수 있게 했으며, 이때 슬픔이 변화나 저항의 의지로 이어지기보다는 우울과 자기혐오의 감정 구조 안에서 순환한다는 점에서 특기할 만하다.

또한, '긍정'과 '부정' 감정을 종합해 감정 간 상관관계를 히트 맵으로 시각화한 결과, '깨달음'이 상대적으로 독립적 감정으로 기능하면서 감정의 진환점 역할을 수행하고 있음이 드러났다.

이상의 문학에서 감정은 단순한 심리 상태를 넘어, 인물과 독자, 사회와 역사의 관계를 매개하는 구성적 장치로 작동한다. 그리고 감정의 계량화는 이러한 감정의 '서사적 기능'을 보다 구조적으로 파악할 수 있도록 돕는다.

감정 분석을 문학 텍스트에 적용하는 것은 문학이라는 매체의 심층 구조를 계량적으로 탐색하려는 시도로서, 감정의 구조화, 나아가 감정의 문학적 존재 양식에 대한 새로운 사유를 가능케 한다.

물론 이러한 시도는 기술적 한계에 대한 고민을 수반한다. 문학의 감정은 언제나 맥락적이며 수사적 표현으로 덧씌워져 있다. 풍자, 반어, 아이러니, 과장 등 문학적 장치는 AI의 표준화된 인식 방식으로 환원되지 않는다.

따라서 이 연구는 정량적 분석 결과를 정성적 독해와 병치하는 방식으로 접근했으며, 이를 통해 기계적 분석이 놓치는 감정의 미세한 층위를 포착하고자 했다.

한편 이 연구는 한국어 문학 텍스트에 특화된 감정 데이터세트와 언어 모델이 부재하다는 한계가 있다. Kc엘렉트라 모델과 코테 데이터세트는 한국어 온라인 댓글을 기반으로 구축된 모델과 데이터세트이기에, 문학이라는 고유한 장르의 특수성을 온전히 반영하기는 어렵다. 이 문제를 극복하기 위해서는 문학 연구자 주도의 감정 분류 데이터세트 구축과 모델 학습이 필수적이다.

감정 분류 데이터세트의 구축과 활용은 인간의 주관적 영역이었던 감정에 보다 체계적이고 일관된 방식으로 접근할 수 있게 해 준다.

딥 러닝 기반 감정 분석의 한계에도 불구하고, "일정 이상의 분량을 가진 텍스트에서 정서 단어를 추출한다면 어느 정도 잘못된 결과가 나오더라도 지배적 정서 흐름을 판단하는 것이 가능"(함준석 외, 2011)하다는 점에서 그 의의를 찾을 수 있다.

특히 정량적 접근과 정성적 접근을 병행함으로써, 기존의 문학 해석과 디지털 인문학적 방법론을 상호 보완적으로 결합할 수 있다. 이를 통해 텍스트의 감정 구조에 대한 더 풍부하고 다층적인 이해가 가능해질 것이다.

실제로 최근 한국 고전 문학을 대상으로 한 감정 데이터세트인 강우규 감정 분류 모델이나, 한국 근대시를 대상으로 한 감정 데이터세트 K포엠(KPoEM)이 공개되어, 문학 도메인에 특화된 딥 러닝 모델 구현의 가능성을 제시했다.

이는 개별 문학 연구자의 감정에 대한 암묵지가 디지털화된 형식지로 변화할 미래를 보여 준다. 앞으로 한국어 문학 텍스트를 위한 특화된 감정 분류 데이터세트와 분석 모델의 개발이 이뤄진다면, 우리 문학에 대한 새로운 시각과 접근법이 더욱 확장될 수 있을 것이다.

책의 구성

이 연구는 이상의 문학을 딥 러닝 기반 감정 분석이라는 기술을 통해 다시 읽는 시도다. 멀리서 읽기(distant reading)와 가까이 읽기(close reading)의 동시적 접근은 문학 텍스트를 전면적으로 조망하면서, 동시에 단일 문장의 정서를 깊이 있게 파고드는 균형적 독해를 가능케 한다.

이 연구 분석은 미완의 탐색일 수 있으나, 문학 텍스트의 정서 구조를 계량적으로 파악하고, 그 안에서 독자적 감응과 인식 구조를 추적할 새로운 독해 좌표를 마련하고자 했다. 그것이 본 연구의 핵심적 기획이다.

이 책은 한국학중앙연구원 인문정보학 석사 학위 논문 〈디지털 감각 · 감정 분석을 통한 이상 문학의 에피파니 연구〉(2024)에 그 뿌리를 두고 있다. 석사 학위 논문의 기본 골격과 주요 논지를 유지하면서, 새로운 자료를 보강하고 논의를 확장해 일반 독자들도 쉽게 이해할 수 있도록 재구성했다.

덧붙여, 이 책의 집필 과정에서 생성형 AI를 사용했음을 밝힌다. 챗GPT-4o(ChatGPT-4o)는 문법 및 스타일 전환 및 교정에 활용되었다. AI가 생성한 내용은 저자들에 의해 면밀히 검토되고 수정되었으며, 이 책의 모든 내용에 대한 책임은 저자들에게 있다.

이 연구에서 구축한 이상의 단편 소설 데이터세트, 감정 분석에 사용한 소스 코드와 그 결과물은 모두

OSF(Open Science Framework)를 통해 일반에게 공개되었다. OSF는 학제 간 연구 재현성과 개방성을 지향하는 비영리 오픈 소스 플랫폼으로, 연구자가 자신의 데이터를 투명하게 관리하고 공유할 수 있도록 설계되어 있다.

이상의 단편 소설의 감정 분석을 위해 사용한 TSV 파일, 파이선(Python) 코드, 감정 분포 시각화 결과물 등은 모두 링크(https://osf.io/964nc)를 통해 열람 및 다운로드할 수 있다.

프로세스 및 결과물의 공개는 단순히 참고 자료를 제공하기 위함이 아니라, 독자 누구나 이 책에서 소개한 연구 분석 방법을 직접 실행하고, 자신의 방식으로 해석을 확장할 수 있는 문학 연구의 플랫폼화 시도다. 문학 연구 역시 열람과 재현이 가능한 개방형 지식으로 기능할 수 있기를 바란다.

참고문헌

지해인(2024a). 디지털 감각·감정 분석을 통한 이상 문학의 에피파니 연구. 《상허학보》, 72, 753-827쪽, https://doi.org/10.22936/sh.72..202410.021

지해인(2024b). 디지털 감각·감정 분석을 통한 이상 문학의 에피파니 연구. 한국학중앙연구원 한국학대학원 석사학위논문,

https://www.riss.kr/link?id=T17070127
함준석 외(2011). 텍스트의 정서 단어 추출을 통한 문학 작품의 정서 분석. 《감성과학》, 14(2), 257–268쪽,
https://www.riss.kr/link?id=A82649912
Jeon, D. et al.(2022.5.11). User guide for KOTE: Korean online comments emotions dataset. *ArXiv*,
https://arxiv.org/abs/2205.05300
Kim, E. & Klinger, R.(2018.8.6). A survey on sentiment and emotion analysis for computational literary studies. *ArXiv*,
https://arxiv.org/abs/1808.03137

01
디지털 감정 분석, 문학을 새롭게 읽다

이상의 소설은 감정을 통해 독자와 깊이 소통한다. 감정은 문학의 요체이자 몰입의 핵심 요소로, 우리의 감정과 신체, 아울러 사회와의 상호 작용을 논한 이론들은 다양하다. 최근 문학의 감정 연구는 전통적 접근의 한계를 넘어, 딥 러닝 기반의 정교한 감정 분석 등 디지털 인문학 방법론을 통해 새로운 연구 가능성을 탐색하고 있다.

AI와 1인 창업?

개인적 감정, 사회적 감정

이상의 단편 소설 속 화자와 오늘날의 독자의 관계는 상호 주체적이다. 독자는 감정을 매개로, 작중 화자가 처한 상황을 정확히 알지 못함에도 화자에 몰입하고, 자신과 동일시한다.

문학 텍스트에 나타난 감정은 비문학 텍스트에 비해 보다 섬세할 뿐 아니라, 텍스트의 고유성 및 몰입의 측면에서도 중대한 역할을 수행한다. 가령 방민호(2015)는 이상의 문학을 치밀하게 독해하기에 앞서 "처음에는 강렬한 동류의식 속에서 이상을 읽었다"라고 고백했다. 그렇다면 이때의 동류의식은 무엇일까?

> 무엇인가를 뛰어넘을 수 없는 숙명이 그 주인공에 의해 의식될 때 그런 인물이 등장하는 문학은 비극적일 수 있다는 것, 그의 비극을 비극으로 의식하면서 동류의식과 함께 한없는 연민을 품을 수 있어야 한다는 것, 이것은 식민지 시대가 끝난 지 70년이 넘어가는 지금까지 뿌리 깊게 남아 있는 '질병적' 의식의 유산이 아닐 수 없다. 그리고 이때 이 숙명적 비극의 주인공이 바로 이광수요, 이상이다. – 방민호 (2015)

동류의식은 다름 아닌 비극적 삶에 대한 '동류의식'과 '연민'이다. 즉 저자는 감정적 이입을 통해 이상의 문학에 이입하고 공명한 것이다. 저자는 이를 심층적 독해 능력이 부족하던 시기의 독법이라고 했지만, 그렇다면 전문 독해 훈련을 받지 않은 일반 독자의 경우, 감정 이입을 통해 문학 텍스트에 감응할 공산은 더 클 것이다.

신체 변화와 정서적 경험의 선후 관계에 따른 다양한 관점이 존재한다. 제임스-랑게 이론(James-Lange theory)에 따르면, 정서적 경험은 외부 자극에 따른 신체 변화의 결과물이다. 신체 변화가 먼저 일어나고 그에 따라 정서적 경험이 생겨난다고 보는 제임스-랑게 이론에 반해 캐넌-바드 이론(Cannon-Bard theory)은 신체 변화와 정서적 경험이 거의 동시에 발생한다고 주장한다.

이들의 공통점은 신체 감각과 감정 간에 긴밀한 연관성이 존재한다는 것이다. 콩디야크(Etienne Bonnot de Condillac)는 극단적으로, 인식을 포함한 마음의 모든 기능의 연원을 감각으로 보았다. 마음의 작용은 감각의 변용으로, 감정은 육체적 감각을 해석한 결과물이라고 했다.

감정은 행위로 이어지기 쉬우므로, 감정 해석에는 '생물학적 몸 이상의 몸'을 고려해야 한다. 감정은 신체를 전제로, 신체화로 나타나는 각인된 경험이고, 신체와 사회 · 문화는 긴밀한 상호적 관계를 가질 수밖에 없기 때문이다.

미국의 인지언어학자 레이코프(George Lakoff)는 추상 개념을 육체화된 경험에서 파생된 은유로 보고, 몸 담론에 대한 새로운 접근을 시도했다. 후설(Edmund Husserl)은 신체는 단순한 살덩어리가 아닌, 삶이라는 의식이 깃든 대상으로 보았다.

우리는 몸을 통해서만 공간적 대상을 지각할 수 있기에, 신체는 대상과 상호 작용을 하기 위한 구체적인 조건이 된다. 또한 지각이 펼쳐지는 나의 신체는 과거, 현재, 미래가 동시에 존재하는 '기억하는 몸'으로, 단순한 사물이 아닌 정신의 표현, 나아가 '심화(心化)된 몸'이 된다. 감각-감정-행위의 연쇄는 개인과 외부 세계가 교류하는 일반적인 도식(scheme)이라고 할 수 있다.

감정에 기반한 독해는 감정의 재실천이라는 측면에서 큰 의미를 갖는다. 영국의 사회학자 윌리엄스(Simon J. Williams)는 감정을 사회적 구성물로 바라보는 것을 넘어, 구조적인 동시에 구조화가 진행 중인 것, 즉 사회적 효과를 지니는 동적이고 능동적인 것으로 파악했다.

일례로, 습속화된 감정인 감정 아비투스(emotional

habitus)는 개인에 내재되어 있을 뿐 아니라, 언어와 담론을 통해 끊임없이 상황을 해석하고 변화시키는 변혁적인 측면이 있다. 전후 한국 사회에서 이상이 실존주의적 관점에서 소환된 것 역시 이러한 맥락에서 읽을 수 있다. 이것이 이상의 단편 소설에 대한 감정적 접근이 필요한 이유 중 하나다.

소설이 그리는 현실은 시대적 현실이기에 그 속에 나타난 감각적, 정서적 경험은 단순히 개인적인 것에 그치지 않는다. 오히려 시대 문제의 징후를 감각적으로 예리하게 포착한 것이라 할 수 있을 것이다.

문학의 감정 연구

이광수(李光洙)는 〈文學의 價値〉(1910.3.20)에서 "정(情)의 영역을 문학의 준거로 설정"했고, 1920년대 신진 문학가들은 이전 세대의 문학과 자신들의 문학을 구분하는 기준의 하나로 '감정'을 내세웠다(장동석, 2019). 이에 주목해 그동안 문학 감정론에 대한 많은 연구가 이뤄져 왔다.

문학의 감정 연구는 크게 보아 당대 보편적인 민족 감정을 '감정 사회학적 맥락'에서 포착한 연구와, 특정 문학가의 작품 세계에 나타난 '기조적 감정'을 탐색한 연구로 대별할 수 있다.

1) 감정 사회학적 맥락의 접근으로는 박태원의 텍스트를 바탕으로, 일제 강점기 당시 체제적 감정으로서의 '명랑'에 주목한 박진숙(2009), '명랑'을 김기림 시론과 연관 지어 고찰한 소래섭(2009), 제도로서의 문학을 '열정'으로 고찰한 소래섭(2012), 1920년대 문학가들의 텍스트를 바탕으로 계몽과 감정의 관계를 탐색한 장동석(2019) 등을 들 수 있다.

2) 기조적 감정 탐색으로는, 백석(白石)의 시어를 통해 '슬픔'으로 대변할 수 있는 감정을 그의 미학과 관련해 고찰한 소래섭(2011), 김명순의 시 텍스트를 통해 그의 시 세계의 기저를 이루는 저항으로서의 '분노' 감정을 고찰한 송명희(2016), 재일 한인 최실(崔実)의 《지니의 퍼즐(ジニのパズル)》에 나타난 재일 한인의 양가감정을 고찰한 조영준(2020), 최서해의 소설론에 담긴 감정적 기저로 '부끄러움'에 주목해 그의 작품에서 부끄러움의 양상을 고찰한 오태호(2023) 등을 들 수 있다.

감정론 차원의 문학적 접근은 여러모로 연구되었으나, 이러한 접근은 전체 텍스트를 망라하기 힘들다는 점과 감정의 일관적 식별이 어렵다는 점에 한계가 있다.

최근 딥 러닝 기술의 발달로, 문장에 나타난 긍/부정

감정을 분류하는 '감성 분석'을 넘어, 감정 분류 체계에 따른 '감정 분석'(emotion analysis)까지 가능해지면서 전산적 문학 감정 연구의 새로운 물꼬가 트인 상황이다. 이를 살펴보기에 앞서 전산적 감정 접근의 역사를 간략히 살펴보자.

참고문헌

김왕배(2015). 《감정과 사회: 감정의 렌즈를 통해 본 한국 사회》. 한울아카데미.

박진숙(2009). 박태원의 통속소설과 시대의 '명랑성'. 《한국현대문학연구》, 27, 207-239쪽, https://www.kci.go.kr/kciportal/landing/article.kci?arti_id=ART001341104

방민호(2015). 《이상 문학의 방법론적 독해》. 예옥.

소래섭(2009). 김기림의 시론에 나타난 '명랑'의 의미. 《어문론총》, 51, 459-489쪽, https://doi.org/10.22784/eomun.2009..51.459

소래섭(2011). 백석 시에 나타난 감정과 언어의 관련 양상. 《한국시학연구》, 31, 35-60쪽, https://doi.org/10.15705/kopoet..31.201108.002

소래섭(2012). 근대문학 형성 과정에 나타난 열정이라는 감정의 역할. 《한국현대문학연구》, 37, 5-32쪽, https://doi.org/10.22871/mklite.2012..37.001

송명희(2016). 김명순 시에 나타난 분노 감정. 《여성문학연구》, 39, 153-186쪽, https://www.riss.kr/link?id=A104567124

오태호(2023). '부끄러움'의 미학으로 독해하는 1920년대

'빈궁문학'의 개척자 – 최서해 소설론. 《비평문학》, 89, 303-337쪽, https://doi.org/10.31313/LC.2023.09.89.303

이광수(李寶鏡 1910.3.20). 文學의 價値. 大韓興學報, 11, https://db.history.go.kr/modern/level.do?levelId=ma_011_0110_0050

장동석(2019). 한국 현대문학에서 '계몽'과 '감정'의 관계성, 그리고 미적표지(美的標識): 1920년 전후 신진 문학가의 문학론과 작품을 중심으로. 《한국시학연구》, 60, 245-282쪽, https://doi.org/10.15705/kopoet..60.201911.008

조영준(2020). 재일한인문학의 오늘을 읽다, 최실(崔實)의 《지니의 퍼즐》: 주인공의 양가적 감정을 중심으로. 《인문학연구》, 59, 459-481쪽, https://doi.org/10.52743/HR.59.16

Cannon, W. B.(1927). The James-Lange theory of emotions: A critical examination and an alternative theory. *The American journal of psychology,* 39(1/4), pp.106-124, https://doi.org/10.2307/1415404

Corbin, A.(1982). *Le miasme et la jonquille: L'odorat et l'imaginaire social, XVIIIe-XIXe siècles.* Aubier. 알랭 코르뱅. 《악취와 향기》(2019). 주나미 옮김. 오롯.

Williams, S. J.(2000). Reason, emotion and embodiment: is 'mental' health a contradiction in terms? *Sociology of health & illness,* 22(5), pp.559-581, https://onlinelibrary.wiley.com/doi/pdf/10.1111/1467-9566.00220

02
전통적인 디지털 감정 분석 방법

감성 분석은 텍스트의 긍/부정 등 주관적 태도를 자동 식별하는 기술로, 디지털 시대의 방대한 데이터 분석 요구에 따라 부상했다. 초기엔 감정 어휘 사전을 이용한 규칙 기반 접근이 주로 사용되었으나, 문맥 이해 부족, 도메인 특화의 어려움, 언어별 사전 구축 및 유지 보수 비용 등의 한계가 있었다. 그럼에도 이는 후속 머신 러닝 기반 감정 분석 연구의 중요한 토대를 마련했다.

AI와 MBTI?

감성 분석이란?

감정 분석의 초기 형태는 긍/부정 식별을 중심으로 하는 감성 분석이다. 감성 분석은 텍스트에 담긴 사람들의 감정이나 의견, 주관적 태도를 자동으로 식별하고 분류하는 기술로, 자연어 처리(Natural Language Processing, NLP) 기법을 활용해 문장이나 텍스트가 긍정적인지, 부정적인지 혹은 중립적인지 판단한다.

간단히 말해, 감성 분석은 문장의 톤(tone)을 파악해 숨은 감성이나 태도를 밝혀내는 것이다. 가령 "이 제품 기대 이상으로 훌륭해요"라는 리뷰는 '훌륭하다'라는 단어에서 긍정적 감정을 읽어 내고, "이 영화 정말 지루해서 놀랐네요"라는 문장은 '지루하다'라는 표현에서 부정적 감정을 식별하는 식이다.

이러한 자연어 기반 감정 인식 기술은 1990년대 후반부터 연구되기 시작해, 2000년대 들어 디지털 기술과 인터넷의 발달과 함께 본격적으로 등장했다.

오늘날 감성 분석이 주목받게 된 배경에는 디지털 시대의 방대한 텍스트 데이터 축적이 있다. 인터넷의 보급으로 개인이 웹상에 남기는 리뷰, 댓글, 소셜 미디어 글 등이 폭발적으로 증가하면서, 과거처럼 사람의 손으로 일일이 여론을 파악하는 것이 불가능해졌다. 대신 컴퓨터를 활용한 자동 분석이 필요해졌고, 이에 따라 텍스트 마이닝의 한 분야로 감성 분석이 부상했다.

특히 웹 2.0 시대를 거치며 블로그, 포럼, 사회관계망 서비스(SNS) 등에서 사람들이 제품 후기나 의견을 자유롭게 공유하게 되자, 기업과 연구자들은 이러한 사용자 생성 콘텐츠를 분석해 유용한 인사이트를 얻고자 했다.

예컨대 과거 기업들은 소비자 조사를 위해 설문 조사나 인터뷰에 의존했지만, 이제는 온라인 리뷰나 게시물을 분석함으로써 실시간 여론 동향을 파악하려는 시도가 늘었다.

오늘날 감성 분석은 학술 영역 및 산업 전반에 폭넓게 활용되고 있다. 사회과학이나 언어학 연구자들은 여론 분석, 미디어 내용 분석 등에 감성 분석을 적용해 대중의 감정 변화나 담론의 흐름을 연구하기도 한다.

산업계에서는 마케팅과 브랜딩에 감성 분석이 핵심 도구로 자리 잡았다. 기업들은 제품 리뷰나 고객 의견을 감성 분석해 고객 만족도를 측정하고, 부정적 피드백의 원인을 찾아내 서비스 개선에 반영한다. 또한 트위터(현 X)나 페이스북 등의 소셜 미디어 모니터링을 통해 브랜드에 대한 호감도 변화를 실시간으로 추적하고, 위기 상황 발생 시 빠르게 대응하는 데 활용하고 있다.

예를 들어, 새로운 제품 출시 후 온라인상의 반응이 부정적으로 흐른다면, 신속히 원인을 분석해 대처할 수 있다. 그뿐만 아니라 정치 분야에서도 선거 전 소셜 미디어의 민심 동향을 감성 분석으로 살펴보거나, 문화 분야에서 영화나 드라마 리뷰를 분석해 작품에 대한 대중의 정서를 연구하기도 한다. 이처럼 감성 분석은 학계의 이론적 연구부터 산업 현장의 실용적 의사 결정까지 폭넓게 공헌하고 있다.

사전 기반 감성 분석

초기의 감성 분석 기법은 규칙 기반 접근(rule-based approach)으로 시작되었다. 이는 사람의 언어에 대한 직관과 규칙을 컴퓨터에 직접 입력하는 방식으로, 주로 감성 어휘 사전(sentiment lexicon)을 이용했다. 감성 어휘 사전이란 단어 자체에 내재된 긍정/부정 의미의 사전으로서, 단어 목록 각각에 감성 점수를 미리 정의해 놓은 데이터베이스다.

예를 들어 '행복하다'나 '훌륭한' 같은 단어에는 +1 또는 +2 같은 긍정 점수를, '지루한', '형편없는' 같은 단어에는 -1이나 -2 같은 부정 점수를 할당해 두는 식이다. 규칙 기반 감성 분석 시스템은 어떤 텍스트에서 긍정 단어가 몇 개, 부정 단어가 몇 개 나오는지 세고, 그 점수를 합산해 문장의 전반적 감정을 판단한다.

이러한 어휘 기반 접근(lexicon-based approach)은 개념적으로도 이해하기 쉽고, 구현도 간단하다. 실제로 감성 분석 연구 초창기에는 각종 감성 단어 목록이 여럿 제안되어, 텍스트에 포함된 단어들의 감성 점수를 합산하거나 룰에 따라 계산하는 방식이 주류를 이뤘다.

대표적인 초기의 감성 사전으로 2006년에 개발된 센티워드넷(SentiWordNet)을 들 수 있다. 이는 단순히 말해 워드넷(WordNet)이라는 영어 어휘 사전에 긍정, 부정, 중립의 감성 점수를 부여한 것이다.

한국의 경우도 2010년대에 들어 본격적으로 감성 사전 구축이 이뤄졌다. KNU 한국어 감성사전(KNU Sentiment Lexicon)은 한국어 감성 분석을 위해 개발된 대표적인 어휘 사전으로, 약 1만4000여 개의 어휘 및 구에 대해 '매우 부정(-2)'부터 '매우 긍정(+2)'까지 5단계 극성(極性) 점수를 부여하고 있다.

이 사전은 표준국어대사전의 방대한 뜻풀이 문장에서 감정을 자동 분류하는 딥 러닝 기법(Bi-LSTM)을 활용한 뒤, 최종 후보 단어들을 사람의 검토를 거쳐 선정하는 방식으로 구축되었다. 그 결과 '감동받다', '감사하다' 등의 일반적 긍정 표현에서부터 '열 받다', '어이가 없다' 등의 부정 표현, 그리고 이모티콘이나 인터넷 신조어에 이르기까지 다양한 형태의 표현에 극성 값을 매긴 방대한 사전이 완성되었다.

또 다른 자원으로 코삭(KOSAC, Korean Sentiment Analysis Corpus)이 있는데, 이는 7700여 개 문장에 감성 및 그 극성을 주석한 말뭉치이자 어휘 자원으로서, 해당 프로젝트에서 구축한 감성 어휘 사전에는 0부터 1 사이의 연속 값으로 감성 점수가 부여되어 있다. 코삭에서는 긍정, 부정, 중립 외에 '복합(複合) 감정'이라는 범주도 설정해, 문맥에 따라 긍정과 부정이 섞인 복잡한 감정 표현도 다룰 수 있도록 했다. 이렇듯 감성 사전의 등장과 발전을 통해 한국어를 비롯한 여러 언어에서 감성 분석의 초석이 다져졌다.

기존 감성 분석의 한계와 의의

그러나 어휘 사전과 규칙 기반 접근에는 몇 가지 한계가 뚜렷했다. 첫째, 문맥을 반영하기 어렵다는 점이다. 감성 사전은 단어 단위로 고정된 점수를 할당하기 때문에, 단어가 쓰인 맥락에 따라 의미가 달라지는 경우를 포착하지 못한다. 다음 문장을 보자.

"대기 시간 참 굉장하다! 두 시간 걸렸어."

사람은 이 표현이 비꼼, 즉 부정적 의미임을 알 수 있지만, 규칙 기반 시스템은 '굉장하다' 같은 단어만 보고 긍정으로 잘못 해석할 수 있다. 이처럼 풍자나 반어적 표현에 취약하고, 문장 구조를 고려하지 않고 낱낱의 단어만 개별적으로 평가하기 때문에 오해가 발생할 수 있다.

둘째, 도메인 적합성 문제가 있다. 한 언어 내에서도 사용 분야에 따라 어휘의 감성 의미가 달라질 수 있는데, 일반 도메인에서 만든 감성 사전은 특정 전문 영역의 텍스트에는 맞지 않을 수 있다.

예를 들어 'cold'라는 단어는 일상 대화에서는 차가운 이미지로 부정적 뉘앙스를 줄 수 있지만, 의학 논문에서는 중립적으로 쓰이거나 다른 의미로 쓰일 수 있다. 이처럼 도메인마다 감성 어휘의 용법과 중요도가 다르므로, 한 사전을 모든 영역에 적용하면 정확도가 떨어질 수 있다. 이러한 이유로 필요에 따라 금융 도메인 전용 감성 사전, 의료 도메인 전용 감성 사전 등을 별도로 구축하는 연구도 진행되었다.

셋째, 언어별로 감성 사전을 따로 만들어야 하는 번거로움이 있다. 영어용 감성 사전이 있어도 한국어에 적용하기 어려우므로, 언어마다 전문 지식과 노력을 들여 새로운 사전을 구축해야 했다. 이미 구축된 사전을 번역을 통해 활용하려는 시도도 있지만, 뉘앙스 차이와 문화적 맥락 차이로 인해 현실적인 한계가 따른다.

마지막으로, 수작업에 따른 비용과 시간의 문제가 있다. 양질의 감성 사전을 만들려면 해당 언어와 도메인에 능통한 전문가들이 후보 단어를 선별하고 일일이 극성값을 부여해야 하므로, 막대한 인적 자원과 시간이 소요된다.

예컨대 앞서 소개한 'KNU 한국어 감성사전'도 여러 해에 걸친 연구팀의 노력이 반영된 결과물이다. 이러한 노력 대비 유지 보수의 어려움도 있는데, 언어는 살아 있어 신조어나 표현이 계속 생겨나므로 사전을 지속적으로 업데이트해야 하는 부담이 따른다.

그럼에도 불구하고, 규칙 기반 감성 분석은 이후 기술들의 토대를 마련해 주었다는 의의가 있다. 초창기 연구자들은 어떤 단어가 어떤 감정을 나타내는지 파악하기 위해 감성 어휘에 주목했고, 이를 통해 감정 표현의 언어적 특징을 체계화하기 시작했다. 이러한 지식의 축적을 바탕으로, 더 나은 방법에 대한 논의가 이뤄지게 되었고, 이는 곧 데이터 기반의 머신 러닝으로 이어지게 된다.

참고문헌

군산대학교 Data Intelligence Lab(n.d.). KNU 감성사전, http://dilab.kunsan.ac.kr/knusl

서울대학교 컴퓨터언어학 자연어처리 연구실(n.d.). 한국어 감정 분석 코퍼스(Korean Sentiment Analysis Corpus, KOSAC), http://nlp.snu.ac.kr/kosac/

Baccianella, S. et al.(2010.5). SentiWordNet 3.0: An enhanced lexical resource for sentiment analysis and opinion mining. *Proceedings of the seventh international conference on language resources and evaluation (LREC'10)*. https://aclanthology.org/L10-1531

Kim, E. & Klinger, R.(2018.8.9). A survey on sentiment and emotion analysis for computational literary studies, *ArXiv*, https://arxiv.org/abs/1808.03137

03
AI, 텍스트의 감정을 읽다

머신 러닝 기반 감정 분석은 데이터에서 패턴을 학습해 규칙 기반의 한계를 극복했다. 이후 딥 러닝과 트랜스포머 모델의 등장으로 문맥 이해도와 정확성이 획기적으로 향상되어, 단순 긍/부정을 넘어 다채로운 감정 및 세부 감정 분석까지 가능해졌다. 문학 등 다양한 분야에 AI 감정 분석이 활발히 적용되고 있지만, 데이터 확보와 깊이 있는 맥락 이해는 여전히 중요한 과제다.

AI와 난임 극복?

머신 러닝 기반의 긍/부정 분석

규칙 기반 방법의 한계를 극복하기 위해 등장한 것이 머신 러닝 기반 감정 분석이다. 연구자들은 일일이 규칙을 만드는 기존의 방식 대신, 컴퓨터가 데이터에서 감정 분류 규칙을 스스로 학습하도록 하는 데 주목했다. 특히 머신 러닝 분류기로 영화 리뷰의 긍정/부정을 자동 분류하는 기법을 선보인 연구(Pang et al., 2002) 등이 큰 주목을 받았다.

이 접근에서는 우선 인간이 감정 라벨(긍/부정 등)을 달아 준 텍스트 데이터(학습 데이터)를 준비한다. 그리고 머신 러닝 알고리즘에 그 데이터를 학습시켜, 단어 패턴과 감정 라벨(label) 간 통계적 관계를 모델로 구축한다. 이렇게 학습된 모델은 새로운 텍스트가 주어졌을 때, 학습에서 배운 패턴을 토대로 해당 텍스트의 감정 라벨을 예측하게 된다.

머신 러닝 기반 접근의 핵심 장점은 '패턴 인식'이다. 규칙 기반처럼 고정된 규칙에만 의존하지 않고, 데이터에서 반복적으로 나타나는 특징을 스스로 발견하므로 보다 유연하다. 예를 들어 규칙 기반 시스템에서는 "실망스럽지 않다"라는 문장을 단순히 "실망(부정 단어)"이 있다고 해서 부정으로 오인할 수 있다. 그러나 머신 러닝 모델은 방대한 데이터에 근거해 “실망스럽지 않다”를 긍정적인 뉘앙스로 이해할 수 있다. 또 어휘 조합, 문장 구성에 따른 감정 변화도 포착할 수 있다. 다음의 문장을 보자.

“오, 좋다. 또 열차 지연이네. 원하던 대로야!”

규칙 기반은 “좋다”라는 단어 때문에 긍정으로 잘못 분류할 수 있지만, 머신 러닝 모델은 학습을 통해 “좋다”가 반어적으로 쓰였음을 인지하고, 부정적 감정으로 분류할 수 있다. 다시 말해, 머신 러닝은 단어의 표면적 의미뿐만 아니라 맥락과 패턴을 고려해 감정을 분류한다.

머신 러닝 접근의 또 다른 강점은 도메인 적응(domain adaptation)이 비교적 수월하다는 점이다. 새 도메인에 맞는 학습 데이터만 확보되면, 해당 데이터로 재학습(또는 추가 학습)해 그 분야에 특화된 감정 분류기를 만들 수 있다. 예컨대 영화 리뷰로 학습된 모델을 식당 리뷰 데이터로 추가 학습시키면, 음식점 평가에 맞는 감정 분류기를 만들 수도 있다는 것이다. 이는 일일이 사전을 수정해야 하는 규칙 기반 접근에 비해 훨씬 유연하고 빠르다.

하지만 머신 러닝 기반 감정 분석에도 과제는 남아 있다. 우선 충분한 양질의 학습 데이터 확보가 어려운 현실적인 문제가 있다. 지도 학습(supervised learning)은 데이터에 크게 의존하므로, 모델 성능은 곧 레이블링된 데이터의 양과 질에 좌우된다. 사람이 문장마다 일일이 감정을 레이블링한 말뭉치를 구축하는 일은 시간과 비용이 많이 들기에, 대규모 학습 데이터를 구하는 것은 대부분의 경우 어렵다.

또한 특성 공학(feature engineering)으로 어느 정도 보완한다고 해도, 단어나 구의 순서 정보나 긴 문맥의 영향을 충분히 반영하기 어려운 경우도 있다. 가령 두 문장이 연속될 때, 앞 문장의 맥락이 뒤 문장 감정 판단에 중요한 경우, 문장 단위 분류 모델로는 놓칠 수 있다. 이와 같은 장거리 의존성(Long-range dependency) 등의 문제는 이후 발달한 딥 러닝 기술에 힘입어 새로운 돌파구를 찾게 된다.

긍/부정에서 다채로운 감정으로

2010년대에 이르러 연산 자원의 발전과 함께 딥 러닝 기술이 자연어 처리 전반에 도입되면서 감성 분석은 새로운 전환점을 맞이하게 되었다. 특히 순환 신경망

(Recurrent Neural Network, RNN)과 그 일종인 장단기 메모리(Long Short-Term Memory, LSTM)의 등장은 텍스트의 순차적 문맥 정보를 효과적으로 포착할 수 있게 함으로써, 표면적으로는 긍정적인 단어지만 맥락상 부정적 의미를 가지는 표현까지도 구분할 수 있는 가능성을 제시했다.

딥 러닝 기반 모델은 수작업 특징 추출을 대체해 단어 임베딩 및 다층 신경망 구조를 통해 추상적 표현을 학습하므로, 감성 분석의 정확도와 일반화 능력이 현저히 향상되었다. 딥 러닝은 또한 감성 강도나 스펙트럼상의 연속적 감정 구분을 가능케 해, 단순한 이분법을 넘어 보다 정교하고 풍부한 감성 해석을 가능하게 했다. 가령 다음의 문장을 보자.

> "나는 이 영화가 기대보다 나아서 기쁘면서도 한편으로는 결말이 아쉬웠다."

이러한 문장은 복합적 감정을 담고 있어 이전에는 다루기 힘들었지만, 딥 러닝 모델은 문장 내부의 미묘한 변화까지도 비교적 잘 잡아낼 수 있었다. 대량의 데이터로 학습된 딥 러닝 모델은 어휘 하나하나의 감정적 함의를 내부 파라미터(parameter)에 녹여 내므로, 굳이 외부 감성 사전을 활용하지 않아도 높은 성능을 낸다. 다만, 대량의 학습 데이터가 필요하다는 현실적인 한계가 존재한다. 특히 감정 분류를 다양하게 할수록 기하급수적으로 필요한 데이터양이 증가하기 때문에 개인 단위의 연구에서는 현실적인 데이터 편찬의 한계가 존재했다.

2017년을 기점으로 트랜스포머(Transformer) 기반 대규모 사전 학습 언어 모델(Pre-trained Language Model)이 등장하며, 감정 분석은 다시금 획기적인 진화를 겪게 되었다. 구글의 버트(BERT, Bidirectional Encoder Representations from Transformers)와 GPT(Generative Pre-trained Transformer) 같은 대규모 언어 모델은 방대한 텍스트로 사전 학습되었으며, 문장의 좌우 맥락을 모두 고려해 언어의 미묘한 뉘앙스를 포착할 수 있다는 점에서 기존 모델들보다 우수한 감정 인식 능력을 보여 준다.

전통적인 임베딩 기법이 단어 하나에 하나의 벡터를 할당했다면, 버트는 문맥에 따라 다른 벡터 표현을 산출하므로 문맥에 따른 미묘한 감정 표현을 보다 잘 포착할 수 있다. 실제로 버트를 감정 분석에 파인 튜닝(fine-tuning)한 연구들은 기존 LSTM이나 서포트 벡터 머신

(support vector machine, SVM)' 기반 모델보다 일관되게 높은 정확도를 보이고 있다.

버트는 방대한 코퍼스를 사전 학습한 모델인 만큼, 방대한 학습 데이터가 없이, 약간의 감정 분류 데이터만 추가로 학습(few-shot learning)해도 뛰어난 감정 분류기가 된다. 가령 SKT 브레인(SKT Brain)에서 한국어 위키백과와 뉴스 데이터를 기반으로 사전 학습한 코버트(KoBERT, Korean BERT)는 네이버 영화 리뷰 감성 코퍼스(NSMC)로 파인 튜닝했을 때, 다국어 버트(multilingual BERT)가 기록한 87.5%보다 높은 수치인 약 90%의 감성 분류 정확도를 기록해 한국어 특화 언어 모델의 효용성을 입증한 바 있다. 이후 이상(李箱) 소설 감정 분석 장에서 사용할 Kc엘렉트라(KcELECTRA) 모델에 코테(KOTE)를 파인 튜닝한 모델 역시 버트 계열의 엘렉트라(ELECTRA) 모델을 파인 튜닝한 모델이다.

기술의 발전에 힘입어 최근 연구들은 긍/부정이 아닌 다중 범주 감정 분류 외에도, 문장 속 감정의 주체와 대상을 식별해 "누가, 무엇에 대해 어떻게 느끼는지"까지 파악하는 세부 감정 분석 등으로도 나아가고 있다. 예를 들어, SNS 문장에서 특정 대상(인물, 제품 등)에 대한 감정을 추출하는 분석 방식(Target-based Sentiment Analysis)이

활발히 연구되고 있으며, 코탁(KOTAC, Korean Opinion Target Attention Classification) 모델 등을 예로 들 수 있다(Kang et al., 2024). 이 모델은 문장 내 특정 키워드(타깃)에 어텐션 메커니즘을 적용해, 복수의 대상과 감정이 혼재된 문장에서 각각의 감정을 효과적으로 분리할 수 있도록 설계되었다. 예컨대 "영화의 연출은 훌륭하지만 연기는 아쉬웠다"라는 문장에서, '연출'에 대해 긍정, '연기'에 대해 부정으로 분리된 감정 라벨을 부여할 수 있다.

인공지능이 읽는 문학 감정

강우규 · 김바로(2018)는 구글 번역기(Google Translate)를 거쳐 영어로 변환한 텍스트이긴 하나, 《소현성록》을 대상으로 NRC 감성 사전(NRC Emotion Lexicon, EmoLex) 기반의 감정 분석을 수행하고, 그 의미를 도출해 보고자 했다. 또 강우규 · 김바로(2019)는 김만중의 소설 《구운몽》에 대해 직접 레이블링한 감정 데이터를 구축하고 분석해, 슬픔의 감정이 서사적 변곡점을 형성함을 보여 주었다.

그러나 이러한 감정어 사전 기반의 감정 분석은 맥락 정보를 정확히 반영하기 힘들다는 한계를 갖는다. 특정 감정어가 모든 문맥에서 동일한 감정적 발출을 표상하지는 않기 때문이다. 함준석 · 이신영 · 고일주(2011)의 연구에서는 이러한 제약을 인정하면서도 "소설이나 수필 같이 일정 이상의 분량을 가진 텍스트에서 정서 단어를 추출한다면 어느 정도 잘못된 결과가 나오더라도 지배적 정서 흐름을 판단하는 것이 가능할 것"이라고 설명한다.

이러한 한계를 재고하고 극복하기 위한 일련의 시도로 주목받는 접근법이 바로 딥 러닝을 활용한 감정 분석 연구다. 실제로 최근 문학에 대한 디지털 감정 분석은 자연어 처리와 인공지능 기술의 발달에 힘입은 연구가 주를 이루고 있다.

구체적인 실례로 '행복(happiness)', '슬픔(sadness)', '놀람(surprise)', '혐오(disgust)', '화남(anger)', '두려움(fear)'의 여섯 범주를 갖는 에크만(Paul Ekman)의 감정 분류 모델에 '수치심(shame)'을 추가한 가지 등(Ghazi et al., 2015)의 감정자극(emotion-stimulus) 데이터를 바탕으로, 워드 임베딩 기술의 하나인 워드투벡(Word2vec)과 글로브(GloVe)를 사용해 고전 문학인 동화 《헨젤과 그레텔(Hansel and Gretel)》, 희곡 《로미오와 줄리엣(Romeo and Juliet)》, 소설 《검은 고양이(The

Black Cat)》 세 작품을 분석하고, 감정의 흐름을 살펴볼 수 있는 깊이 있는 도서 요약을 도출하고자 한 이윤진 · 전수영(2021), 문학 분야 감정 데이터와 감정 딥 러닝 모델을 구축하고, 이를 문학 연구에 활용하는 방안에 대해 고심한 김바로 · 강우규(2022), 디지털 큐레이션 방안 탐색을 목표로 코테 데이터세트를 활용해 삼대록계 국문 장편 소설의 디지털 감정 분석을 수행하고 그 의미를 고찰한 강우규(2022), 한국어 기반 버트 모델인 코버트를 '분노', '불안', '상처', '슬픔', '당황', '기쁨', '무감정'의 7개 감정으로 레이블링한 데이터를 바탕으로 미세 조정함으로써 새로운 인공지능 감정 분류 모델을 제시하고자 한 김지영 · 이대국 · 전수영(2023)의 사례를 들 수 있다.

참고문헌

강우규(2022). 국문장편소설의 디지털 큐레이션 방안 고찰: 디지털 감정분석을 중심으로. 《한국고전여성문학연구》, 45, 29-64쪽, https://www.riss.kr/link?id=A108418902

강우규·김바로(2018.8). 인공지능을 활용한 《소현성록》 연작의 감정 연구. 《문화와 융합》, 40(4), 149-174쪽, https://doi.org/10.33645/cnc.2018.08.40.4.149

강우규·김바로(2019.12). 고전소설에 대한 디지털 감정 분석방법론 탐색: 《구운몽》 을 대상으로. 《동아시아고대학》, 56,

349-377쪽, https://doi.org/10.17070/aeaas.2019.12.56.349
김바로·강우규(2022.12). 한국 대중 서사 기반 감정 데이터 구축과 활용: 감정 딥 러닝 모델 구현을 통한 문학 연구의 활용 가능성 탐색을 중심으로. 《인공지능인문학연구》, 12, 41-72쪽, https://doi.org/10.46397/JAIH.12.2
김지영 외(2023.12). KoBERT를 이용한 문학 감정분류. 《한국학연구》, 87, 5-31쪽, https://doi.org/10.17790/kors.2023.12.87.5
이윤진·전수영(2021.4). 단어 임베딩을 통한 고전 문학 감정 분석. 《한국자료분석학회(Journal of the Korean Data Analysis Society)》, 23(2), 985-996쪽, https://doi.org/10.37727/jkdas.2021.23.2.985
함준석 외(2011). 텍스트의 정서 단어 추출을 통한 문학 작품의 정서 분석. 《감성과학》, 14(2), 257-268쪽. https://www.riss.kr/link?id=A82649912
Ghazi, D. et al.(2015). Detecting emotion stimuli in emotion-bearing sentences. *Computational linguistics and intelligent text processing,* 16, pp.152-165, https://www.site.uottawa.ca/~diana/publications/90420152.pdf
Jeon, D. et al.(2022.5.11). User guide for KOTE: Korean online comments emotions dataset. *ArXiv,* https://arxiv.org/abs/2205.05300
Kang, E. et al.(2024.4.17). Advancements in Korean emotion classification: A comparative approach using attention mechanism. *Mathematics,* 12(11), 1637, https://www.mdpi.com/2227-7390/12/11/1637
Kim, E. & Klinger, R.(2018.8.9). A survey on sentiment and emotion analysis for computational literary studies. *ArXiv,*

https://arxiv.org/abs/1808.03137

Pang, B. et al.(2002.5.28). Thumbs up? Sentiment classification using machine learning techniques. *ArXiv*, https://arxiv.org/abs/cs/0205070

SKTBrain(2019). Korean BERT pre-trained cased(KoBERT). https://github.com/SKTBrain/KoBERT

04
감정 지도 그리기

인간 감정 체계화를 위해 에크만의 범주형, 플루치크의 수레바퀴, 러셀의 차원형 등 다양한 모델이 제안되었다. 감정 모델 선택 시 세밀함, 일반화 가능성, 문화적 적합성을 고려해야 한다. 디지털 감정 분석에 모델을 활용하면 일관성을 높일 수 있으나, 문학 분야에서 시대별, 작가별, 연구자별 한국어 자원 구축은 지속적인 과제다.

AI와 사주?

감정 분류 모델의 종류

심리학 분야에서는 그동안 인간의 감정을 일정한 범주 및 차원으로 체계화하기 위한 여러 모델이 제안되어 왔다. 대표적으로 에크만(Paul Ekman)은 문화 간 보편성을 지닌 여섯 가지 기본 감정, 즉 '분노(anger)', '혐오(disgust)', '공포(fear)', '행복(happiness)', '슬픔(sadness)', '놀람(surprise)'을 제시했다. 에크만의 분류 모델은 감정을 이산적(discrete) 범주로 간주하는 범주형(categorical) 접근을 취하며, 얼굴 표정 분석을 통해 실증적으로 그 보편성을 뒷받침했다.

또 다른 대표적인 감정 분류 체계로 로버트 플루치크(Robert Plutchik)가 제안한 감정의 수레바퀴(wheel of emotions) 모델이 있다. 플루치크는 여덟 가지 기본 감정, 즉 '기쁨(joy)', '신뢰(trust)', '공포(fear)', '놀람(surprise)', '슬픔(sadness)', '혐오(disgust)', '분노(anger)', '기대(anticipation)'를 제시하고, 이를 원형 구조의 스펙트럼에 배치했다.

플루치크 모델의 기본 감정은 원의 중심에서 바깥 방향으로 강도 차이를 두고 배열된다. 이에 따라 중심에 가까울수록 '격노(rage)', '황홀(ecstasy)'같이 강렬한 감정이고, 외곽에 위치할수록 '짜증(annoyance)', '권태

(boredom)'같이 약한 감정이 된다.

또한 플루치크 모델은 감정의 대조성을 시각적으로 명시한다. 즉, 기쁨-슬픔 등은 감정 쌍(opposite pairs)으로 서로 반대편에 위치하며, 이는 감정의 구조적 이해를 심화하는 데 도움을 준다. 덧붙여 플루치크는 인접한 감정의 조합으로 복합 감정을 설명한다. 예컨대 '사랑(love)'은 '기쁨'과 '신뢰'의 결합으로 설명된다. 이처럼 감정의 강도, 대조성, 복합성 등을 수레바퀴(wheel) 형태의 시각적 구성으로 표현함으로써, 감정 스펙트럼의 연속성과 복합성을 동시에 설명하는 장점을 지닌다.

그러나 플루치크의 모델도 몇 가지 한계점을 갖는다. 예시로 플루치크의 감정 범주는 에크만의 범주보다 개념적 모호성이 크다. 감정 범주가 세분화될수록 문화적 맥락이나 언어적 표현에 따라 감정 간 경계가 모호해질 수 있음을 감안하면, 이는 불가항력적인 측면이 있다.

그럼에도 불구하고, 플루치크의 감정의 수레바퀴 모델은 감정 분류의 시각적 · 구조적 접근에서 중요한 이론적 틀로 기능하고 있으며, 감정의 상대적 강도, 대조성, 복합성 등 다양한 속성을 하나의 프레임워크 안에서 설명할 수 있다는 점에서 감성 연구와 감정 분석 기술 양면에서 유의미한 기여를 하고 있다.

이와 같은 범주형 감정 모델은 질적으로 구분되는 감정 상태들을 명확히 정의한다는 점에서 강점이 있으나, 제한적인 감정 범주의 수로는 실제 인간 정서의 미묘한 차이나 복합적 감정 상태를 포착하는 데에 한계가 있다는 비판도 제기되어 왔다. 이러한 관점에서 심리학자 러셀(James A. Russell)은 감정을 이산적 범주가 아닌 연속적 차원으로 설명하는 '감정 차원 모델(circumplex model)'을 제안한 바 있다.

러셀의 모델에서 감정은 각성(arousal)과 정서가(valence)의 이차원 공간상에 점으로 배치된다. 가령, '행복'은 높은 '높은 각성-높은 정서가'의 영역에, '우울'은 '낮은 각성-낮은 정서가'의 영역에 위치하며, 반대편에 위치한 감정일수록 심리적으로 대조적이다.

이 모델은 감정의 연속성과 스펙트럼적 특성을 설명하는 데 강점을 지니며, 문화 간 비교에도 비교적 보편적으로 적용 가능하다는 평가를 받는다. 다만 감정을 수치적 좌표로 표현하므로 해석이 직관적이지 않고, 두 차원만으로는 복합 정서를 설명하는 데 한계가 있다는 지적도 존재한다. 그럼에도 불구하고, 러셀 모델은 감정 분석에서 차원적(dimensional) 접근의 대표적 모델로 널리 활용되고 있다.

감정 분류 모델의 특징

그렇다면 어떤 감정 분류 모델을 선택해야 할까? 몇 가지 측면에서 모델의 특징을 살펴보자.

먼저, 감정의 세밀함은 범주의 수에 직결된다. 일반적으로 감정 범주가 많을수록 정서적 차이를 보다 미세하게 구분할 수 있다. 이는 '분노'와 '짜증' 같은 유사한 감정의 미묘한 차이를 감지하는 데 유리하다.

고이모션(GoEmotions), 코테(KOTE)의 분류 체계처럼 20개 이상의 감정 범주를 포함한 체계는 고차원의 감정 레이블링이 가능하다는 점에서 표현력의 확장에 기여할 수 있다. 그러나 감정 범주를 과도하게 세분할 경우, 오히려 실용성과 타당성이 저하될 수 있다는 비판도 존재한다. 구체적으로는 주석자(annotator) 간 라벨 일치율이 저하될 수 있다.

에크만의 모델은 범주의 수가 6개로 적은 만큼 명확성과 일관성이 높은 편이지만, '질투(jealousy)', '수치(shame)', '안도(relief)' 같은 미묘한 감정 상태를 포착하지 못하는 한계가 있다. 반면, 고이모션 등의 세분화된 체계는 세밀한 감정 식별이 가능하지만 정밀도가 낮아질 위험이 있으며, 모델 성능에서도 분류 정확도가 상대적으로 낮게 나타날 수 있다.

다음으로, 감정 분류 모델의 일반화 가능성과 문화적 적합성을 고려할 필요가 있다. 에크만의 여섯 범주는 인간의 얼굴 표정에 기반한 실증적 연구로, 다양한 문화권에서 공통적으로 인식되는 감정의 존재를 입증했다. 그 결과 보편적 감정의 분류 체계로 널리 수용되어 왔다. '분노', '슬픔', '기쁨' 등의 기본 정서는 대부분의 문화에서 보편적으로 나타나며, 데이터 레이블링 시 주석자 간의 해석 일치율 또한 상대적으로 높은 편이다.

반면, 플루치크 모델에 포함된 '기대(anticipation)' 같은 범주는 문화적 차이로 인해 보편성이 상대적으로 낮을 수 있다. 나아가 '죄책감(guilt)', '수치(shame)' 등 특정 감정은 문화권에 따라 다르게 인식될 수 있는 등, 문화에 따른 감정 범주의 상이함이 따를 수 있다.

이러한 점에서 보편적 감정만을 채택하면 문화 중립적이나 표현의 포괄력은 제한되고, 반대로 특정 문화 고유의 정서를 포함할 경우, 해당 문화에는 최적화되지만 타문화 적용에는 제약이 따르게 된다.

예컨대, 한국어의 '정(情)'과 같이 문화적으로 고유한 감정은 영어 기반의 감정 분류 체계에는 설정되지 않는다. 이러한 맥락에서 코테(KOTE)는 한국어 화자들이 실제로 사용하는 감정 어휘를 수집하고 군집화해 범주를 구성함으로써, 한국 문화에 특화된 감정 분류 체계를 제안했다. 이와 같은 문화 기반의 감정 분류 체계는 해당 언어권의 자연어 처리 모델이나 인간 주석자에게 해석 가능성을 높인다는 실질적 장점을 가진다.

실제로, 영어 기반 고이모션 범주를 번역해 학습시킨 모델보다 한국어 자체 범주를 활용해 학습한 모델의 성능이 한국어 대상 텍스트에서는 더 우수한데(Jeon et al., 2022), 이는 고유한 감정 체계의 유효성을 보여 주는 한편, 국제적 모델 간의 범주 매핑 등의 과정에서는 추가적인 조정이 필요함을 시사한다.

감정 모델의 효용

특정한 감정 분류 모델을 활용한 디지털 감정 분석의 장점은 감정 분류의 '일관성'에 있다(강우규, 2022). 기존의 문학 감정론 연구는 대부분 연구자적 직관에 근거하고 있다. 오랜 학술적 훈련을 바탕으로 한 이러한 직관은, 대부분의 경우 첨예한 통찰력을 바탕으로 한 높은 호소력을 갖추고 있다.

그러나 한편으로, 문학 텍스트 전체에 대해 일관된 기준을 견지하기 힘들다는 점에서 자의성과 비일관성의 문제를 생각해 볼 수 있다. 같은 연구자가 같은 문장을 봐도 시간이 지나면 다른 감정을 식별해 낼 수도 있으며, 단적으로 연구자가 주목한 '한 부분'은 전체 텍스트의 일부에 지나지 않는 것이다.

이러한 문제를 보완하기 위한 구체적인 방안으로, 특정한 감정 분류 모델에 기반해 구축한 '감정 주석 데이터세트'와 이를 활용해 구현한 '딥 러닝 감정 분류 모델'을 제시할 수 있다. 일단 구현된 딥 러닝 모델은 하나의 문장에 대해 동일한 결과를 반환하며, 따라서 일관적인 분류가 가능하다.

이때 텍스트는 특정 감정과 일대일로 사상되지 않으므로, 감정 분류 모델의 구축은 역동적인 인간 정신의 조야한 반영에 지나지 않는다는 반론이 뒤따를 수 있다. 그러나 감정의 표현 양상을 가시적으로 포착하기 위해서는 '형식주의로의 경도'라는 비판을 감내하고서라도 임의의 형태를 부여할 필요가 있다(정명중, 2018).

이러한 필요성을 적극 수용한다고 해도 문제가 있다. 바로 한국어 문학 텍스트의 디지털 감정 분석을 수행하기 위한 '문학 감정 데이터세트'와 '문학 감정 딥 러닝 모델'이 거의 없다. 최근 저자가 참여한 연구(임이로 외, 2025)에서 한국 근대시 문학을 바탕으로 한 감정 데이터세트 K포엠(KPoEM, Korean Poetry Emotion Mapping)

을 구축해 대외적으로 공개하는 등 노력이 지속되고 있고, 추후 이러한 문제도 점진적으로 개선될 것으로 전망한다.

참고문헌

강우규(2022). 국문장편소설의 디지털 큐레이션 방안 고찰: 디지털 감정분석을 중심으로. 《한국고전여성문학연구》, 45, 29-64쪽, https://www.riss.kr/link?id=A108418902

김왕배(2019). 《감정과 사회: 감정의 렌즈를 통해 본 한국 사회》. 한울아카데미.

임이로 외(2025.2.13). 한국 근현대시 감정 레이블링 데이터셋 구축: 문학 텍스트의 컴퓨터 기반 감정 분류와 생성형 AI 활용을 위한 기초 연구. 제2회 한국현대문학자대회, https://doi.org/10.5281/zenodo.15055795

정명중(2018.3). 감성연구 성과와 전망: 호남학연구원 인문한국(HK)사업단을 중심으로. 《감성연구》, 16, 43-60쪽, https://doi.org/10.37996/JOG.16.2

Ekman, P.(1971). Universals and cultural differences in facial expressions of emotions. *Nebraska symposium on motivation*, 19, pp.207-283, https://psycnet.apa.org/record/1973-11154-001

Jeon, D. et al.(2022.5.11). User guide for KOTE: Korean online comments emotions dataset. *ArXiv*, https://arxiv.org/abs/2205.05300

Lim, I. et al.(2025.4.9). KPoEM dataset for 'Decoding the poetic language of emotion in Korean modern poetry: Insights from a human-labeled dataset and AI modeling', https://doi.org/10.5281/zenodo.15181396

Plutchik, R.(1980). A general psychoevolutionary theory of emotion. In Plutchik, R. & Kellerman, H.(eds.). *Emotion: Theory, research, and experience: Vol. 1. Theories of emotion*, pp.3–33. Academic Press, https://sci-hub.se/tree/0f/77/0f77a837808394b536ad03b2d569a30d.pdf

Russell, J. A.(1980.12). A circumplex model of affect. *Journal of personality and social psychology*, 39(6), pp.1161–1178, https://www.researchgate.net/publication/235361517_A_Circumplex_Model_of_Affect

05
감정 분류 데이터 구축 가이드

디지털 감정 분석은 단순 긍/부정을 넘어 다중 감정 인식으로 확장되며, 이를 위해서는 세분화된 감정 데이터세트의 구축이 중요하다. 코테(KOTE), K포엠(KPoEM), 강우규 감정 모델 등이 대표적 사례로, 멀티 라벨 분류를 통해 복합 감정을 담는다. 데이터세트 구축은 감정 범주 설정, 데이터 수집과 전처리, 명확한 레이블링 가이드라인 구축, 레이블링 및 신뢰도 검증, 데이터 재조정 등의 체계적 과정을 거친다.

AI와 아이돌?

감정의 세분화와 실제 감정 데이터 사례

최근 디지털 감정 분석 기술은 긍/부정의 이진적 감성 분류를 넘어 다중 감정 인식으로 그 범위를 확장하고 있다. 이 장에서는 감정의 세분화가 적용된 실제 감정 데이터세트의 사례를 중심으로 어떻게 감정 분류 데이터세트를 구축할 수 있는지 살펴보자.

감정의 세분화(fine-grained emotion classification)란 인간이 경험하는 다양한 정서 상태를 보다 구체적인 범주로 자동 분류하는 기술적 시도를 의미한다. 전통적으로는 앞서 살펴본 에크만(Paul Ekman)의 여섯 가지 기본 감정이 표준으로 자주 활용되었으며, 초기의 다수의 감정 데이터세트는 이러한 범주 체계에 기반해 구축되었다.

그러나 실제 인간의 감정은 훨씬 더 복합적이고 미묘한 스펙트럼으로 존재하므로, 최근에는 보다 세분화된 감정 체계가 도입되고 있다. 세분화된 감정 분류는 일반적으로 멀티라벨 분류(multi-label classification) 문제로 정의되며, 한 문장에 여러 감정 범주가 동시에 할당될 수 있다.

한국의 경우 AI허브(AI-Hub)에서 “한국어 감정 정보가 포함된 단발성 대화 데이터세트”를 공개한 바 있다. 이

데이터세트는 총 38,594개의 사회관계망서비스(SNS) 글 및 온라인 댓글 문장으로 구성되어 있고, 각 문장에 대해 ‘기쁨’, ‘슬픔’, ‘놀람’, ‘분노’, ‘공포’, ‘혐오’, ‘중립’의 7가지 감정 중 하나가 레이블링되어 있다.

이와 더불어 대화문의 각 발화에 감정 라벨을 부착해 공개한 “한국어 감정 정보가 포함된 연속적 대화 데이터세트”는 대화의 흐름 속 감정 변화를 추적하는 연구에 활용될 수 있다. 이러한 데이터는 정적 문장 기반 감정 분석에서 동적 문맥 기반 감정 분석으로의 전환을 촉진하고 있다.

코테(KOTE) 데이터세트는 서울대학교 심리학과에서 구축한 한국어 온라인 댓글 기반 감정 데이터세트로, 약 5만 개 댓글에 대해 ‘없음’을 포함해 총 44개의 감정 범주로 레이블링을 수행한 것이다. 43개의 범주는 기존의 감정 어휘 사전 등에서 약 1,787개의 감정 표현을 선정하고, 의미 유사도에 따른 벡터 군집화(clustering)를 통해 감정 범주를 도출한 것이다.

- 긍정: 감동/감탄(admiration), 고마움(gratitude), 기대감(expectancy), 기쁨(joy), 뿌듯함(pride), 신기함/관심(interest), 아껴주는(care), 안심/신뢰(relief), 존경

(respect), 즐거움/신남(excitement), 편안/쾌적(comfort), 행복(happiness), 환영/호의(welcome), 흐뭇함(귀여움/예쁨)(attracted).

- 부정: 경악(shock), 공포/무서움(fear), 귀찮음(laziness), 당황/난처(embarrassment), 부끄러움(shame), 부담/안 내킴(reluctant), 불쌍함/연민(compassion), 불안/걱정(anxiety), 불평/불만(dissatisfaction), 슬픔(sadness), 서러움(sorrow), 안타까움/실망(disappointment), 어이없음(preposterous), 역겨움/징그러움(disgust), 의심/불신(distrust), 짜증(irritation), 재미없음(boredom), 절망(despair), 죄책감(guilt), 증오/혐오(contempt), 지긋지긋(fed up), 패배/자기혐오(gessepany), 한심함(pathetic), 화남/분노(anger), 힘듦/지침(exhaustion).
- 중립: 깨달음(realization), 놀람(surprise), 비장함(resolute), 우쭐댐/무시함(arrogance).
- 특수: 없음(NO EMOTION).

코테(KOTE)는 크라우드소싱 기반 멀티 라벨 주석 방식을 채택해, 한 댓글에 복수의 감정 라벨이 부착될 수 있도록 설계되었다. 이는 한국어 화자들의 실제 감정 표현을 반영한 것이라는 점에서 문화적으로 특화된 감정 분류 체계로서, 문화 기반 감정 분류 체계의 설계 가능성과 적용 가능성을 실증적으로 보여 주는 중요한 사례로 간주된다.

강우규 감정 분류 모델(강우규 · 김바로, 2024)은 국문 장편 소설인 《창선감의록》을 대상으로, 감정 분류 체계에 대한 기존의 문학, 언어학, 심리학 등의 연구 성과들과 디지털 기술을 기반으로 한 감정 간 상관관계 분석 등을 통해 정성적 · 정량적으로 정립한 18분류(강우규, 2024)를 준용해, 총 4,308행의 데이터를 구축했다. K포엠(KPoEM)(LIM.et al., 2025)은 대표적인 한국 근대 시인들인 '김소월'(165편), '윤동주'(113편), '임화'(44편), '이상'(47편), '한용운'(118편) 다섯 명의 주요 작품 487편을 수집해 코테의 감정 분류 기준을 준용해 행 단위로 감정 레이블링을 수행한 총 7,007행의 데이터세트다.

감정 분류 데이터 구축 방법

감정 분류 데이터세트를 구축하는 과정은 여러 단계로 나눌 수 있다.

1) 감정 범주 체계 설정

먼저 연구 목적에 맞는 감정 범주 체계를 설정해야 한다.

에크만이나 플루치크의 모델처럼 기존의 감정 범주화 모델을 활용할 수도 있고, 코테처럼 데이터 기반의 군집 분석을 통해 새로운 감정 범주를 도출할 수도 있다.

2) 데이터 수집 및 전처리

다음으로 분석 대상이 될 텍스트 데이터를 수집하고 정제한다. 문학 작품, 소셜 미디어 게시물, 리뷰, 뉴스 기사 등 다양한 출처의 텍스트를 활용할 수 있으며, 불필요한 기호나 특수 문자 제거, 문장 단위 분리, 맞춤법 검사 등의 전처리 과정이 필요하다.

3) 레이블링 가이드라인 구축

그다음 단계는 감정 레이블링을 위한 명확한 가이드라인을 마련하는 것이다. 각 감정 범주에 대한 정의, 예시, 경계 사례 등을 구체적으로 제시해 레이블링 작업의 일관성을 확보해야 한다. 특히 유사한 감정 간의 경계가 모호한 경우에 대한 판단 기준을 명확히 해야 한다.

4) 감정 레이블링

이후 코테처럼 크라우드소싱을 활용하거나, 전문가 집단의 판단을 통해 텍스트에 감정 라벨을 부여한다. 한 텍스트에 여러 감정이 복합적으로 나타날 수 있으므로, 다중 레이블링을 허용할지, 또는 가장 지배적인 감정만 선택할지 사전에 결정할 필요가 있다.

5) 레이블링 신뢰도 검증

레이블링이 완료된 후에는 여러 평가자 간의 일치도를 측정해 레이블링의 신뢰성을 검증한다. 평가자 간 신뢰도(Inter-rater reliability)를 측정하는 등 통계적 방법을 활용할 수 있으며, 낮은 일치도를 보이는 항목은 가이드라인을 보완하거나 재레이블링을 통해 신뢰도를 높인다.

6) 감정 데이터세트 재조정

마지막으로 감정 클래스 간 불균형이 심한 경우, 추가 데이터를 수집하는 등 균형을 맞추는 작업이 필요하다.

이러한 과정은 다소 일반화되어 있으므로, 실제로 인터넷에 데이터가 공개된 코테 데이터세트 또는 K포엠(KPoEM) 데이터세트를 직접 한번 살펴보는 것을 권장한다. 해당 데이터세트는 제노도(Zenodo)라는 오픈 액세스 플랫폼을 통해 TSV 확장자 파일로 공개되어 누구나 다운로드 및 열람이 가능하다. 다음은 코테 데이터세트의 학습 데이터(train.tsv) 파일의 첫 3개 행을 가져온 것이다.

- 39087 내가 톰행크스를 좋아하긴 했나보다... 초기 영화 빼고는 다 봤네. 2, 13, 15, 16, 29, 39
- 30893 정말 상상을 초월하는 무개념 진상들 상대하다 우울증, 공황장애 걸리는 공무원 많아요 ㅠ 생각보다 스트레스 심한 직업군이라는 생각입니다. 0, 5, 7, 10, 19, 22, 29, 35, 36, 38
- 45278 새로운 세상과 조우한 자의 어린아이 같은 반응, 어쩌면 회복된 것은 눈이 아닌 순수함일지도 모르겠습니다. 그걸 가능케 한 사랑에 경의를 표합니다. 1, 2, 7

이렇게 ID, 문장, 감정 레이블링의 3개 열로 코테 감정 데이터세트가 구조화되어 있는 것을 확인할 수 있다. 이때 감정 라벨이 숫자로 되어 있는데, 각각의 숫자는 각각의 감정과 대응한다. 예를 들어서, 1은 기쁨, 2는 슬픔 등으로 치환할 수 있다. 데이터세트에 숫자로 기입하는 것은 추후 라벨을 숫자로 변경하는 과정을 생략하기 위해서다. 딥 러닝 모델은 기본적으로 숫자만 처리할 수 있기 때문에 감정 라벨도 숫자로 변환되어야 하는 것이다.

참고문헌

강우규(2024). 국문장편소설 감정 데이터 모델링의 현실적 방안 고찰: 감정분류체계 정립을 중심으로. 《민족문학사연구》, 84, 397-432쪽, https://www.kci.go.kr/kciportal/ci/sereArticleSearch/ciSereArtiView.kci?sereArticleSearchBean.artiId=ART003079274

강우규·김바로(2024). 국문장편소설의 감정에 대한 정성적·정량적 연구 시론: 《창선감의록》과 《소현성록》을 중심으로. 《고소설연구》, 58, 223-258쪽, https://www.kci.go.kr/kciportal/ci/sereArticleSearch/ciSereArtiView.kci?sereArticleSearchBean.artiId=ART003167773

AI-Hub(n.d.). 한국어 감정 정보가 포함된 단발성 대화 데이터셋, https://aihub.or.kr/aihubdata/data/view.do?dataSetSn=270

KOTE(Korean Online That-gul Emotions) Dataset. https://github.com/searle-j/KOTE

Jeon, D. et al.(2022.5.11). User guide for KOTE: Korean online comments emotions dataset. *ArXiv*, https://arxiv.org/abs/2205.05300

Lim, I. et al.(2025.4.9). KPoEM dataset for 'Decoding the poetic language of emotion in Korean modern poetry: Insights from a human-labeled dataset and AI modeling', https://doi.org/10.5281/zenodo.15181396

06
AI가 예측하는 문장 속 감정

딥 러닝 감정 분석 모델은 감정 데이터세트로 사전 학습 모델을 파인 튜닝해 텍스트의 감정을 기계적으로 식별하고 확률적으로 도출한다. 이러한 디지털 감정 분석은 감정 분류의 일관성이라는 장점이 있지만 반어나 역설 같은 문학의 언어를 완벽히 이해하지 못하는 한계가 있다. 따라서 정확한 분석을 위해서는 정성적 해석을 병행한 규모-가변적 읽기가 필요하다.

AI와 야구?

딥 러닝 감정 분석 모델 구현

구축한 감정 분류 데이터세트는 딥 러닝 기반의 감정 분석 모델을 학습시키는 데 활용할 수 있다. 다음은 딥 러닝 감정 분석 모델 구현을 위한 개괄적인 과정으로, 실제 파인 튜닝 과정의 경우 이 책에서 사용한 것은 아니지만, 앞서 소개한 Kc엘렉트라(KcELECTRA) 모델을 K포엠(KPoEM) 데이터세트로 파인 튜닝(fine-tuning)하는 코드가 깃허브(GitHub) 저장소에 공개되어 있으므로 이를 통해 코드 수준의 구체적인 과정을 살펴볼 수 있다.

1. 코버트(KoBERT), Kc엘렉트라 등 한국어에 최적화된 사전 학습 언어 모델을 선택하고, 적절한 감정 분류 데이터세트로 파인 튜닝한다. 이때 특정 도메인에 특화된 감정 분류 데이터세트를 준용할 경우, 모델은 해당 도메인에 통용되는 감정 식별 작업에 최적화된다.
2. 감정 데이터세트의 일부를 검증 데이터세트로 활용해 모델의 성능을 평가하고, 결과에 따라 '하이퍼파라미터(hyperparameter)'를 조정하거나 모델 구조를 수정해 모델의 성능을 최적화한다.
3. 파인 튜닝을 마친 모델은 학습 내용을 바탕으로 새로운 텍스트 데이터에 대한 감정 분석을 수행할 수 있으며, 입력

된 텍스트에 대해 '전체 감정 클래스'와 그 '확률'을 0에서 1 사이의 값으로, 감정 클래스의 개수만큼 출력하게 된다.

이렇게 오픈 소스로 공개된, 혹은 특정한 목적에 맞게 새로이 설계해 구축된 감정 분류 데이터세트를 바탕으로 학습된 딥 러닝 감정 분석 모델은, 학습에 사용되지 않은 새로운 입력 텍스트에 대한 감정 분류 및 예측이 가능하다.

표 6-1은 한국인이 익히 아는 윤동주 시인의 〈서시(序詩)〉의 일부를 코테(KOTE) 데이터세트로 파인 튜닝한 Kc엘렉트라 모델을 활용해 분석한 뒤, '감정 확률' 열을 내림차순으로 정렬해 제시한 것이다.

표 6-1에서 살펴볼 수 있듯이, 딥 러닝 기반 감정 분류 모델은 입력 텍스트에 대해 감정 분류 체계에 따른 모든 감정, 즉 '없음'을 포함한 44개 감정의 확률 값을 도출한다. 확률은 0에서 1 사이의 값을 가지며, 확률이 0에 근접할수록 해당 감정이 희박함을, 1에 근접할수록 해당 감정이 강렬함을 나타낸다.

표 6-1의 사례에서 '슬픔'의 확률을 0.873306453로 집계한 것은 해당 문장에 나타난 감정이 '슬픔'일 확률이 87.33%에 육박한다는 의미다. 반면 '즐거움/신남'의 확

표 6-1. 〈序詩〉 문장에 대한 감정 예측 사례

죽는 날까지 하늘을 우러러	
슬픔(0.8733064)	절망(0.7678532)
안타까움/실망(0.7353115)	비장함(0.6266068)
힘듦/지침(0.6261855)	불안/걱정(0.6199169)
불쌍함/연민(0.5937271)	깨달음(0.5600941)
없음(0.4661426)	서러움(0.4353880)
패배/자기혐오(0.2888617)	의심/불신(0.2039739)
죄책감(0.159731477)	기대감(0.1344658)
화남/분노(0.1292769)	공포/무서움(0.1174736)
아껴주는(0.1104465)	불평/불만(0.1027934)
부담/안_내킴(0.0987625)	지긋지긋(0.0955506)
한심함(0.0946652)	부끄러움(0.0920582)
당황/난처(0.0853928)	안심/신뢰(0.0643955)
증오/혐오(0.0630782)	짜증(0.062079381)
감동/감탄(0.0539616)	경악(0.049375113)
존경(0.04857461)	어이없음(0.046357024)
재미없음(0.0451735)	우쭐댐/무시함(0.0419742)
귀찮음(0.0391577)	편안/쾌적(0.0371233)
행복(0.0356662)	고마움(0.0345023)
놀람(0.0317747)	환영/호의(0.0307372)
신기함/관심(0.0284884)	역겨움/징그러움(0.0252431)
기쁨(0.0198151)	뿌듯함(0.0195029)
흐뭇함(귀여움/예쁨)(0.0077339)	즐거움/신남(0.0076998)

률을 0.007699828로 집계한 것은 해당 문장의 감정이 '즐거움/신남'일 확률이 0.77%밖에 되지 않는다는 의미다.

이와 같이 딥 러닝 기반의 감정 분석은 감정 분류 체계에 기반한 모든 개별 감정에 대해 확률을 도출하며, 연구자의 신체적 · 심리적 조건에 따라 번복의 가능성이 있는 감정 판단을 기계적으로 수행함으로써 매 감정 판단이 동일한 기준에 근거해 이뤄진다는 장점을 갖는다.

이러한 감정의 확률 값은 현대 독자가 한국어 문장에서 코테 데이터세트 분류에 따라 평균적으로 포착한 개별 감정을 계량화한 값의 하나로, 오늘날 이상의 텍스트를 읽는 '실재 독자(real reader)'(Tompkins et al., 1980)의 감정적 독해의 일면을 대변하는 방법 중 하나가 된다.

즉, 이 책에서 전제한 감정의 주체는 다름 아닌 독자이며, 이때 "독자란 문학 텍스트를 받아들이고 이해하는 사람의 총칭"(김지원, 1991)이다. 따라서 이 연구에서 지칭한 '독자'는 전문적으로 훈련되었거나 문학 텍스트에 대한 비평적 안목을 지닌 독자가 아님을 다시 한번 밝힌다.

딥 러닝 감정 분석 모델의 한계

물론 딥 러닝 기반 문학 텍스트 감정 분석의 한계 또한

표 6-2. 디지털 감정 예측의 한계 사례

문장	감정 클래스	확률
'박제가 되어버린 천재'를 아시오? (이상, 〈날개〉)	없음	0.80
	어이없음	0.67
	우쭐댐/무시함	0.63
	신기함/관심	0.52
	한심함	0.44
나는 유쾌하오. (이상, 〈날개〉)	기쁨	0.91
	행복	0.87
	즐거움/신남	0.85
	아껴주는	0.68
	환영/호의	0.68
	뿌듯함	0.56
	편안/쾌적	0.53
	흐뭇함(귀여움/예쁨)	0.48
	안심/신뢰	0.46
	감동/감탄	0.45
	고마움	0.43

명확하다. AI 모델은 문맥, 특히 문학 텍스트에서 나타나는 역설 등의 수사적 표현을 완벽하게 이해하지 못한다. 예를 들어, 이상의 소설 〈날개〉 초반부에 나오는 다음의 두 문장을 보자. 이때 편의상 0.4 이상의 확률을 갖는 감정 중 소수점 둘째 자리까지 반올림해 제시한 것임

을 밝힌다.

"나는 유쾌하오"라는 문장은 표면적으로는 긍정의 감정을 나타내며, 실제 감정 분석 결과 역시 '기쁨', '행복', '즐거움/신남' 등의 감정에 높은 확률 값을 부여한 것을 확인할 수 있다.

그러나 '박제가 되어 버린 천재'는 텍스트의 전체적인 맥락 속에서 비극적 상황에 대한 반어적 표현에 가깝다. '천재'가 '박제'로 전락하고 말았다는 탄식의 함의를 이해한다면, 그리고 그 의미를 통찰할 수 있는 독자라면 해당 문장에서 '슬픔' 그리고 '절망' 정도의 감정을 포착함이 더 자연스러울 것이다.

그럼에도 한국어 문학 텍스트를 위한 언어 모델 및 감정 분류 데이터세트가 부재한 이상, "일정 이상의 분량을 가진 텍스트에서 정서 단어를 추출한다면 어느 정도 잘못된 결과가 나오더라도 지배적 정서 흐름을 판단하는 것이 가능"(함준석 외, 2011)하다는 사실에 힘입어, 다소의 굴절을 감안하고서 추가 논의를 이어 나가고자 한다.

이러한 방법론적 한계를 보완하기 위해서는 정성적 분석을 병행하는 것이 필수적이다. 기계적 분석 결과와 연구자의 해석을 교차 검증함으로써 보다 적확한 감정 분석이 가능한 것이다.

참고문헌

김지원(1991). 문학과 독자: 독자 중심의 문학이론 재조명. 《영어영문학》, 37(1), 113-141쪽, https://www.riss.kr/link?id=A19676277

함준석 외(2011). 텍스트의 정서 단어 추출을 통한 문학 작품의 정서 분석. 《감성과학》, 14(2), 257-268쪽, https://www.riss.kr/link?id=A82649912

AKS-DHLAB(2025). KPoEM, https://github.com/AKS-DHLAB/KPoEM

Tompkins, J. P.(1980). An introduction to reader-response criticism. In Tompkins, J. P.(ed.). *Reader-response criticism: From formalism to post-structuralism*, pp.ix-xxvi. Johns Hopkins University Press.

07
소설가 이상과 에피파니

문장 단위 감정 분석을 작품 전체에 적용하면 정서적 흐름과 패턴, 클라이맥스를 시각적으로 추적할 수 있다. 이상의 〈집팽이轢死〉 분석 결과, 문학적 에피파니 순간 직전 공포, 불안 등 부정 감정이 고조되고, 직후 '깨달음', '감동' 등이 돌출하는 특징적 패턴이 확인되었다. 이는 작품의 정서 구조를 깊이 있게 이해하는 데 기여한다.

AI와 윤동주?

감정 예측 결과 시각화

지금까지 문장 단위 감정 분석 사례를 살펴보았다. 그런데 문장 단위 감정 분석을 작품 전체 텍스트에 적용해 보면 어떨까? 그 경우, 텍스트 전체의 정서적 흐름을 추적하는 것 역시 가능해진다. 문장별로 코테(KOTE) 기준 44개 감정의 확률 값이 있고, 이를 바탕으로 작품 전체의 감정 양상을 계량화할 수 있는 것이다.

나아가 텍스트의 감정 분포를 서사적 순서, 즉 시간 축에 따라 배열한 뒤 시각화하면, 특정 감정의 출현 양상 및 강도의 변화, 정서적 클라이맥스 등을 시각적으로 확인하는 것 또한 가능하다. 이러한 분석 틀은 작가별, 장르별, 시대별 감정 양상의 비교 연구로 확장될 수 있으며, 감정의 층위에서 작품의 서사 등을 조명하는 데 활용할 수 있다.

이제 이상의 단편 소설 〈집팽이轢死〉를 예시로, 코테 데이터세트로 파인 튜닝한 Kc엘렉트라(KcELECTRA) 모델을 활용한 딥 러닝 감정 분석 사례를 살펴보자. 그림 7-1은 〈집팽이轢死〉 텍스트 전체 감정 분석 결과에서 필자가 직접 네 가지 감정, 즉 '공포/무서움', '깨달음', '놀람', '불안/걱정'을 선택해 시각화한 선 그래프다.

이처럼 그래프를 통해 소설 텍스트에서 감정이 돌출

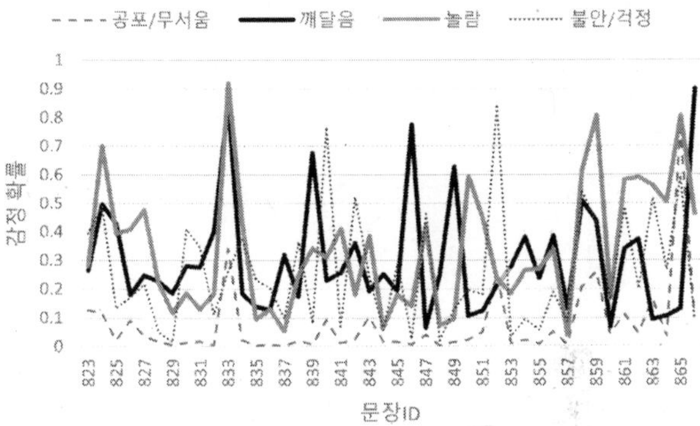

그림 7-1. 〈집팽이轢死〉 감정 흐름

되는 지점을 시각적으로 확인할 수 있다.

감정의 흐름과 패턴

그런데 그림 7-1에서 특히 흥미로운 지점은 그래프의 마지막 부분이다. 해당 부분의 텍스트를 실제로 확인해 보면 표 7-1과 같다.

해당 지점(ID:863-866)에서 '경악', '놀람', '당황/난처', '공포/무서움' 등의 감정이 고조된 직후 여타 감정 수치가 하강하며, '깨달음'과 '감동/감탄'의 수치가 상승하는

표 7-1. 〈집팽이轢死〉 ID:865-866 주요 감정

ID	민음사_텍스트	감정분류	감정 수치
865	또 여러 사람은 웃는데 나만이 웃지 않고 그 지팡이는 이 구멍으로 빠져 달아났으니 요 다음 정거장에서는 꼭 내려서 그 지팡이를 찾으러 가라고 이 철둑으로 쭉 따라가면 될 것이니까 길은 아주 찾기 쉽지 않으냐고 그러니까 그 지팡이는 돈 주고 산 것은 아니니까 잃어버려도 좋다고 그러면서 태연자약하게 담배를 뻑뻑 빨고 앉았다가 담배를 다 먹은 다음 담뱃대를 그 지팡이 집어먹은 구멍에다 대이고 딱딱 떠는 바람에 나는 그만 전신에 소름이 쫙 끼쳤습니다.	경악	0.91
		당황/난처	0.85
		화남/분노	0.83
		놀람	0.81
		공포/무서움	0.76
866	다른 사람들도 물론 이때만은 웃을 수도 없는 업신여길 수도 없는 참 아기자기한 마음에서 역시 소름이 끼쳤으리라고 나는 생각합니다.	깨달음	0.90
		감동/감탄	0.83

것을 확인할 수 있다.

내용상으로도 "담뱃대를 그 지팡이 집어먹은 구멍에다 대이고 딱딱 떠는 바람에 나는 그만 전신에 소름이 쫙 끼쳤습니다"(〈집팽이轢死〉, ID:865)라는, 그리고 "웃을 수도 없는 업신여길 수도 없는 참 아기자기한 마음에서 역시 소름이 끼쳤으리라"(〈집팽이轢死〉, ID:866)는 작중

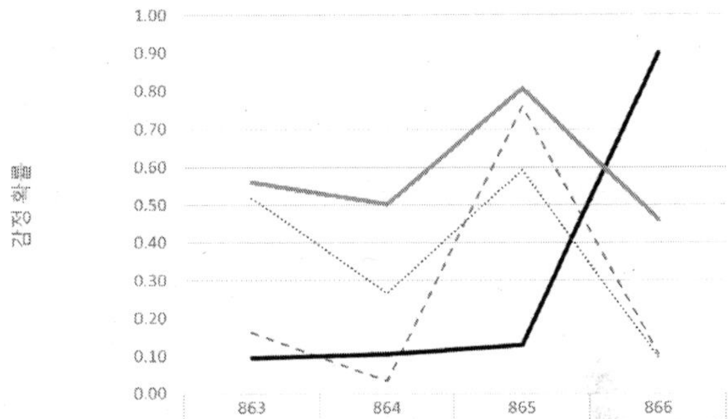

	863	864	865	866
공포/무서움	0.16	0.03	0.76	0.11
깨달음	0.09	0.11	0.13	0.90
놀람	0.56	0.50	0.81	0.46
불안/걱정	0.52	0.27	0.59	0.10

문장ID

그림 7-2. 〈집팽이轢死〉 ID:863-866 감정 흐름

화자의 서술을 확인할 수 있다.

이 순간은 고현혜(2015)에서 문학적 '에피파니'의 순간으로 지목된 바 있다. 작중 화자는 식민지 근대 한국인 모두가 식민지 소비 자본주의의 지배하에 위치하고 있음을 불현듯 깨닫는 에피파니를 경험하는 것이다. 앞의 두 문장까지 포괄해 확대한 그래프(〈집팽이轢死〉, ID:863-866)는 그림 7-2와 같다.

그림 7-2를 통해 〈집팽이轢死〉의 마지막 부분에 나타난 에피파니 순간의 감정 흐름을 살펴볼 수 있다.

에피파니의 전조: 불안, 공포, 놀람

'에피파니(Epiphany)'는 본래 새해 초에 주의 현현하심을 경축하는 기독교 교회력상의 절기인 주현절(主顯節)에서 비롯된 용어로, 심리학적으로는 "개인의 삶에서 새로운 의미의 창조를 통해 개인의 자아와 정체성 개념을 변화시키는 갑작스럽고 돌연한 통찰 그리고/혹은 관점의 변화"(McDonald, 2008)의 의미로 사용된다.

'뜻하지 않게 체득되는 깨달음'을 가리키는 이 용어는 이후 제임스 조이스(James Joyce)에 의해 전용되어 문학적 용어로도 확장되었으며, 영미 문학에서 조이스의 미학 이론을 논할 때 특히 중요한 개념(Beja, 1971)으로 자리 잡게 되었다.

상기 사례가 보이는 특징으로 우선 에피파니의 순간은 감정적으로 공백에 가깝다는 것을 거론할 수 있다. 이때 '깨달음'과 비슷한 정도로 높게 집계되는 감정은 '감동/감탄'과 '비장함'이다. 이는 에피파니의 순간이 인식 주체의 미학적 경험 또는 확신감을 유도하기 때문인 것으로 보인다.

다음으로 두드러지는 특징은 에피파니의 돌발이 있기에 앞서 감정적 분란이 선재한다는 것이다. 앞서 살펴본 선례에서는 부정 감정에 속하는 '불안/걱정', '공포/두려움'의 감정과 중립 감정에 속하는 '놀람', '비장함'의 감정이 불거진 바 있다.

부정 감정이 대두하는 것은 에피파니가 "극화된 무의식적인 욕망과 좌절, 두려움과 죄의식 등과 주체가 대면하게"(선주원, 2009) 하기 때문으로 보인다. 즉 에피파니 순간의 깨달음이 벼락과도 같이 뇌리를 밝히려면 그 직전에는 한없이 캄캄한 순간이 배치될 필요가 있다.

그림 7-1과 그림 7-2를 살펴보면, '깨달음' 이전의 지배적 감정은 대체로 '불안/걱정'으로 집계되는데, 이는 불안이 비교적 대상성을 띠는 공포 대비 훨씬 막연한 상황에서 발생하기 때문인 것으로 보인다. 에피파니의 광명이 뇌리를 명정하게 함으로써 일련의 사건에 내재된 의미를 통찰하기 전까지는 현상에 대한 인지적 통합을 온전히 이루지 못하는데, 이때의 미지는 불안을 야기하게 된다.

한편 '공포/두려움'은 불안의 대상이 구체화되는 국면에서 격앙되는 것이다. 즉 미지에서 오는 불안은 구체적인 공포로 전환되며, 공포는 에피파니를 추동한다.

중립 감정에 해당하는 '놀람'의 돌출 역시 에피파니의 인지적 특성을 고려해 살펴볼 수 있을 것으로 보인다. 요컨대 '깨달음'은 진부성과는 거리가 멀며 외려 놀라운 직각(直覺)에 가까운 만큼 인지적 도약을 위한 경이의 순간이 필요하다는 것이다.

플루치크의 수레바퀴 감정 모델에 따르면 기본 감정인 '공포(fear)'와 '놀람(surprise)'이 결합해서 나타나는 이중 감정(Primary dyad)은 다름 아닌 '경외(awe)'인데, 이를 통해 에피파니 직전에 나타나는 놀람의 감정 양상을 설명할 수 있다. 또한 에피파니가 본질을 투시하는 '신적인 것(theopany)의 현현'이라면 '비장함'의 감정 역시 충분히 '깨달음'의 감정을 선도할 수 있다.

참고문헌

고현혜(2015). 이상문학에서 되살아나는 '해태': 〈집팽이轢死(역사)〉를 중심으로. 《인문논총》, 72(3), 183-221쪽, https://doi.org/10.17326/jhsnu.72.3.201508.183

선주원(2009). 에피파니 인식과 서사적 정체성 구성을 위한 서사교육. 《국어교육》, 129, 263-290쪽, https://www.riss.kr/link?id=A76553035

이상(2009). 《정본 이상 문학 전집》. 김주현 주해. 소명출판(개정판, 2025).

Beja, M.(1971). *Epiphany in the modern novel.* University of Washington Press.

McDonald, M. G.(2008). The nature of epiphanic experience. *Journal of humanistic psychology,* 48(1), pp.89–115, https://doi.org/10.1177/0022167807311878

Plutchik, R.(1980). A general psychoevolutionary theory of emotion. In Plutchik, R. & Kellerman, H.(eds.). *Emotion: Theory, research, and experience: Vol. 1. Theories of emotion*, pp.3–33. Academic Press,

08
AI로 본 이상의 단편 소설

이상의 단편 소설 13편의 감정 분석 결과, '안타까움/실망', '깨달음'이 평균적으로 높았고, '공포'는 대상 부재 등으로 낮았다. '불안/걱정'은 높은 비중을 차지하며, 다른 부정 감정과 연동하지만 분노로는 이어지지 않았다. '절망'과 '슬픔'은 자기혐오, 서러움과 강한 상관성을 보이며 외향적 저항 없는 '분노가 거세된 비애'를 형성했고, '깨달음'은 독립적으로 기능하며 감정적 진공과 연관되었다.

AI와 한의학?

이상의 단편 소설 속 제감정과 공포

이제부터 이상의 단편 소설 13편의 문장 각각에 대해 딥러닝 기반 감정 분석을 수행한 결과를 살펴보도록 한다. 각각의 문장은 '없음'을 포함해 코테(KOTE)의 44가지 감정 클래스에 대해 확률 값을 갖는다.

그림 8-1은 이상의 단편 소설 전체에 나타난 감정 평균을 시각화한 것이다.

이상의 단편 소설 13편의 감정 평균은 '없음'(0.52), '안타까움/실망'(0.36), '깨달음'(0.35), '불안/걱정'(0.29), '당황/난처'(0.28), '어이없음'(0.26) 순으로 나타나는 것을 알 수 있다. 그중 특수 라벨 '없음'을 제외하면, 평균적으로 높게 나타나는 감정으로 '안타까움/실망', '깨달음'의 감정이 돋보인다.

'없음'이 평균적으로 높게 나타나는 이유는 무엇일까? 이상의 단편 소설이 전반적으로 감정을 절제하거나 우회적으로 드러내는 방식으로 서술되었기 때문일 수 있다. 반대로 '죄책감'이 평균적으로 가장 낮게 드러나는 것은 이상의 텍스트 특유의 위악성을 나타내는 것으로 해석할 수 있다.

그런데 이상의 텍스트의 감정 역학을 논할 때 흔히 거론되는 '공포'는 지배적이 아니라, 0.06이라는 평균 미만

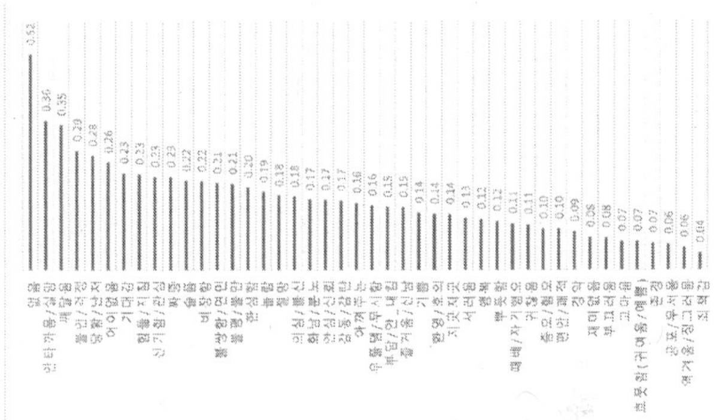

그림 8-1. 이상의 단편 소설 전체의 감정별 평균

의 낮은 값을 보인다. 이는 이상의 단편 소설에서 "글쓰기 주체는 이러한 불안과 공포를 소설 속에서 드러내려 하지 않고 숨기려고" 하는 것과 유관하다. 요컨대 "글쓰기 주체의 서술 태도나 행위는 몸의 죽음이라는 실존의 불안을 숨기기 위한 하나의 장치"(이재복, 2004)인 셈이다.

'공포/무서움'의 감정이 평균적으로 낮게 나타나는 또 다른 이유로 이상의 단편 소설 텍스트 대부분의 문장에서 공포의 감정은 그 대상이 불분명하다는 것을 거론할 수 있다. "불안은 막연하고 추상적인 느낌인 반면 두려

표 8-1. 이상의 단편 소설 속 0.7 이상의 공포/무서움

텍스트_민음사	공포/무서움
아내에게 돈을 주고 아내 방에서 자 보는 것은 어디까지든지 좋았지만 만일 잘못해서 자정 전에 집에 들어갔다가 아내의 눈총을 맞는 것은 그것은 여간 무서운 일이 아니었다.(〈날개〉, ID:377)	0.71
덜덜덜덜 떨린다.(〈날개〉, ID:474)	0.74
나를 조곰씩 조곰씩 죽이려 든 것일까?(〈날개〉, ID:559)	0.81
또 여러 사람은 웃는데 나만이 웃지 않고 그 지팡이는 이 구멍으로 빠져 달아났으니 요 다음 정거장에서는 꼭 내려서 그 지팡이를 찾으러 가라고 이 철둑으로 쭉 따라가면 될 것이니까 길은 아주 찾기 쉽지 않으냐고 그러니까 그 지팡이는 돈 주고 산 것은 아니니까 잃어버려도 좋다고 그러면서 태연자약하게 담배를 뻑뻑 빨고 앉았다가 담배를 다 먹은 다음 담뱃대를 그 지팡이 집어먹은 구멍에다 대이고 딱딱 떠는 바람에 나는 그만 전신에 소름이 쫙 끼쳤습니다.(〈집팽이轢死〉, ID:865)	0.76
분명히아내가다니고있는R회관은아닌그러나역시그는그의아내와조금도틀린곳을찾을수없는너무많은그의아내들을보고소름이끼쳤다.(〈鼅鼄會豕〉, ID:1134)	0.85
쭉 소름이끼치고식은땀이내솟기시작이다.(〈鼅鼄會豕〉, ID:1464)	0.82
공포에 가까운 번신술이다.(〈終生記〉, ID:2062)	0.82
지난밤에 풀린 아랫도리가 덜덜 떨려 들어왔다.(〈幻視記〉, ID:2428)	0.81
이 남자가 같이 죽자면 그때 당해서는 또 모르겠지만 지금 생각 같아서는 저도 죽을 수 있을 것 같아요.(〈失花〉, ID:2489)	0.76
나를 살해하기 위한 흉기를 찾는 것일까.(〈童骸〉, ID:3208)	0.82
너무나 의미를 잃어버린 그와 그의 하는 일들을 사람들 사는 사람들 틈에서 공개하기는 끔찍끔찍한 일이니까 그는 피난 왔다.(〈地圖의暗室〉, ID:3576)	0.78
그는 무서움이 일시에 치밀어서 성내인 얼굴의 성내인 성내인 것들을 헤치고 홱 앞으로 나선다.(〈地圖의暗室〉, ID:3634)	0.71

움과 공포는 분명한 대상을 가지고 있는 것으로 구별”(김왕배, 2019)되는 경우가 흔하기 때문이다.

실제로 이상의 단편 소설에서 ‘공포/무서움’이 0.7 이상으로 높게 산출된 문장은 “아내의 눈총을 맞는 것은 그것은 여간 무서운 일이 아니었다”와 같이 대상성을 갖는 경우가 두드러진다. 두려운 것은 ‘아내의 눈총’(〈날개〉, ID:377), ‘집팽이 轢死’ 사건(〈집팽이轢死〉, ID:865), ‘그의아내와조금도틀린곳을찾을수없는너무많은그의아내들’(〈鼅鼄會豕〉, ID:1134) 같은 분명한 대상을 갖는다.

이상의 단편 소설 속 감정 간 상관성

그러나 공포와 불안의 감정이 완벽히 대별되는 감정이 아닌 이상, 기존에 논의되어 온 이상의 텍스트 속 공포 담론 역시 딥 러닝 감정 분석 모델을 활용해 ‘불안’의 감정으로 포착할 수 있다. 실제로 이상의 단편 소설에서 ‘불안/걱정’(0.29)은 ‘안타까움(0.36)’과 ‘깨달음’(0.35) 다음으로 높게 나타난다. 이는 이상의 단편 소설의 평균적인 감정 지분에서 ‘대상 없는 공포’(불안)가 차지하는 비중을 여실히 보여 준다.

이때 불안의 감정이 갖는 모호한 대상성이라는 특성은 분노나 혐오 등으로 치닫는 ‘두려움 군(群)의 감정’과

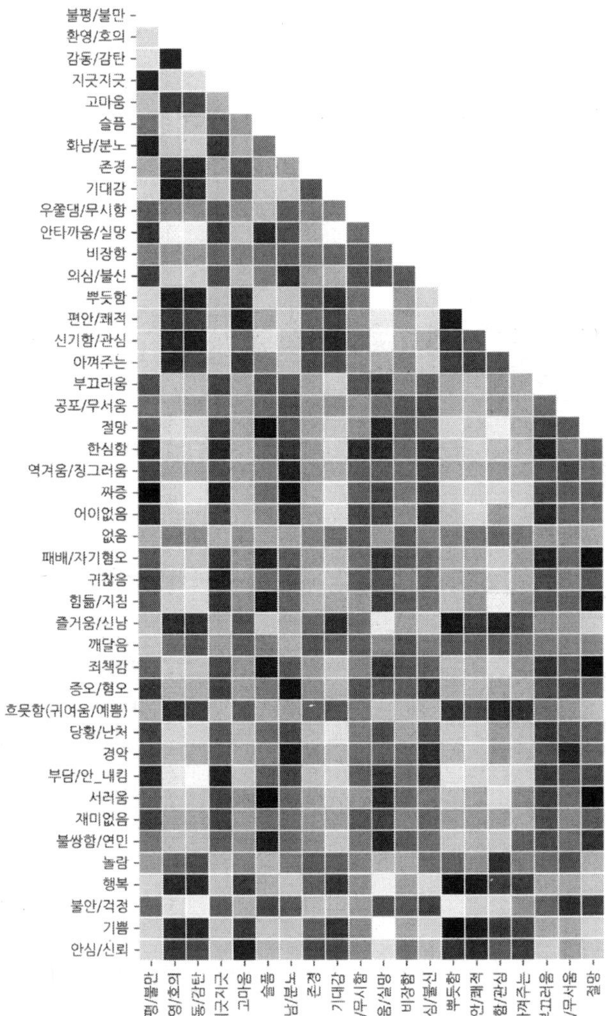

그림 8-2. 이상의 단편 소설 감정 간 상관관계

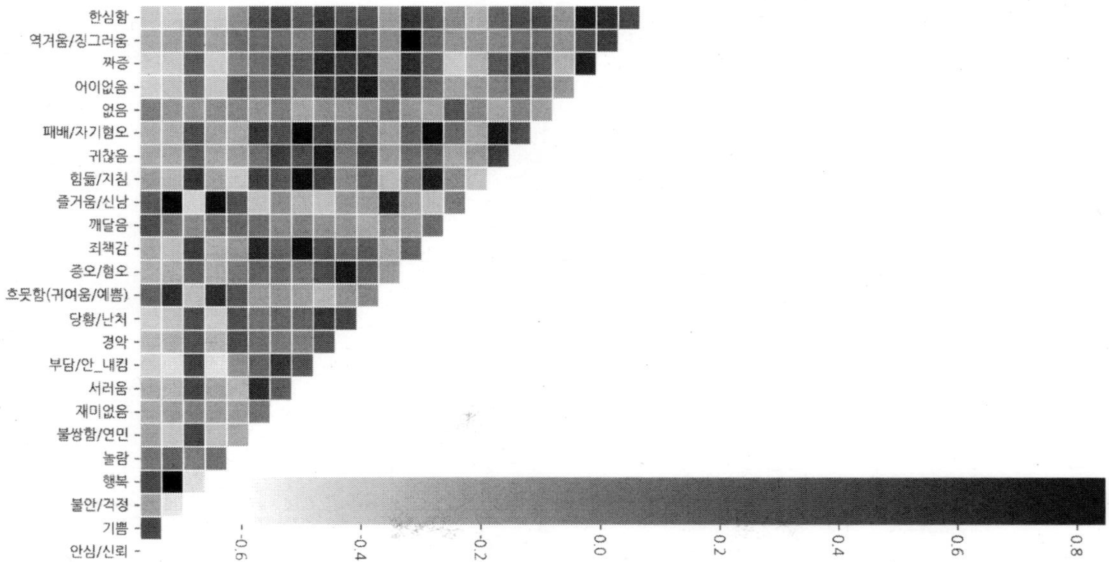
한심함
역겨움/징그러움
짜증
어이없음
없음
패배/자기혐오
귀찮음
힘듦/지침
즐거움/신남
깨달음
죄책감
증오/혐오
흐뭇함(귀여움/예쁨)
당황/난처
경악
부담/안_내킴
서러움
재미없음
불쌍함/연민
놀람
행복
불안/걱정
기쁨
안심/신뢰
-0.6
-0.4
-0.2
0.0
0.2
0.4
0.6
0.8

달리 대상에 대한 배제의 권력이 작동하는 것을 미연에 방지한다. 이는 '불안/걱정'과 다른 개별 감정과의 상관관계를 통해서도 살필 수 있는데, 이에 대해서는 개별 감정 평균 간 상관관계를 통해 실증적으로 살펴보고자 한다.

여기서는 이상의 단편 소설의 감정 간 상관성을 살피기 위해, 개별 감정 평균 간의 피어슨 상관계수(Pearson Correlation Coefficient, PCC)를 계산해 다차원 표(Multi-dimensional table)로 정리한 뒤, 중복 영역을 제거한 삼각형 꼴 히트맵(heat map)으로 시각화했다.

그림 8-2에 따르면 '공포/무서움'과 상대적으로 높은 상관관계를 보이는 감정은 '경악'(0.66), '불안/걱정'(0.62), 그리고 '의심/불신'(0.44)이다. '경악'과 '의심'은 특정한 대상을 요하기 때문에, 두려움 군의 감정인 '불안/걱정'을 제외한 두 감정은 대상성을 가지므로 '공포/무서움'의 상대적 구체성을 방증한다. 반면 '불안/걱정'은 '공포/무서움'(0.62)을 제외하면 '힘듦/지침'(0.55)과 '절망'(0.54), '죄책감'(0.51), '슬픔'(0.48)과 흡착하는 양상을 보이는데 이를 통해 '불안'이 훨씬 추상적인 맥락에서 나타남을 확인할 수 있다.

흔히 두려움은 대상에 대한 증오와 분노로 이어지는

감정 동학(김왕배, 2019)을 보인다. 만약 이상 단편 소설에 나타난 '불안'이 이러한 역학을 보인다면 '화남/분노'와 필연적으로 높은 상관성을 갖게 될 것이다.

그러나 여타 두려움 군의 감정 중 '공포/무서움'과 '불안/걱정'이 '화남/분노'와 각각 0.36, 0.28이라는 비교적 낮은 상관관계를 갖는 것은 앞서 언급한 것처럼 대상의 배제를 위한 두려움의 전략화가 제대로 기능하고 있지 않음을 방증한다.

한편으로 전체 작품에서 '절망'과 높은 상관관계를 보이는 감정은 '서러움'(0.89), '죄책감'(0.87), '슬픔'(0.85), '패배/자기혐오'(0.85), '힘듦/지침'(0.79)이다. '절망'이 '화남/분노'와 0.29, '증오/혐오'와 0.17의 상관관계를 갖는 것을 감안하면, 이상의 단편 소설에서 '절망'의 감정은 서러움과 죄책감, 슬픔, 패배/자기혐오와 연동할 뿐 분노 같은 변혁을 위한 외향적 힘으로 이어지지 않는다. 절망은 '죄의식'으로 스스로를 징죄하고, '패배/자기혐오'로 자신을 혐오하며, '서러움'과 '슬픔'으로 남을 뿐이다.

이상의 단편 소설에서 '슬픔'과 높은 상관성을 보이는 감정으로는 '서러움'(0.88), '절망'(0.85), '죄책감'(0.78), '힘듦/지침'(0.76), '불쌍함/연민'(0.75)을 들 수 있고, 상관계수가 0.7보다는 낮지만 '불쌍함/연민' 다음으로 높은 '패배/자기혐오'(0.68) 또한 주목된다.

흔히 슬픔은 상실을 전제로 하며, 이때 상실은 "임시적이거나 영구적일 수 있으며, 실제적, 상상적, 물리적, 심리적인 것일 수도 있다"(김왕배, 2019).

슬픔이 고통과 두려움, 죄책감, 분노 등의 감정을 포괄할 경우 '비애(grief)'가 된다. 이때 비애는 집단적인 감정으로 사회적 효용을 갖기도 한다.

그런데 이상의 단편 소설에 나타난 '슬픔'은 저항의 감정 군이라고 할 수 있는 '화남/분노'(0.05) 또는 '증오/혐오'(-0.03)와 거의 상관관계를 갖지 않는다. 그저 한없는 서러움과 절망, 죄책감과 연계할 뿐이다. 따라서 이상의 단편 소설에 나타난 '슬픔'은 상관성이 높은 감정들과 더불어 '분노가 거세된 비애'를 형성한다고 할 수 있다.

우울이 "시대의 혼돈 속에서 자신의 주체를 확고히 정립할 수 없는 자아에 대한 연민의 감정"(김왕배, 2019)이라는 점에서, 변화의 의지가 없는 이러한 슬픔은 '우울'을 연상하게 한다.

자주권을 잃은 조선인은 일제 치하의 '호모 사케르(homo sacer)'였다. 그리고 이상의 상실감은 어떠한 맥락에서든 정당화도 애도도 될 수 없는 것에 가까웠다. 일제 치하의 지식인은 일말의 기회마저 박탈당했고, 이상의 병리적 불안은 주변과도 공유하기 힘든 것이었다.

이렇게 사회적 애도가 원천 봉쇄된 상황에서 개인은 일체의 책임이 자신에게 귀속된다고 느낀다. 그렇기에 우울과 자살 충동의 발로는 개연적이다. 지리멸렬한 삶과 죽음 사이에서 이상이 곧잘 죽음을 예단한 것은 주체성을 되찾기 위한 현실적 수단으로 설명할 수도 있다.

이상의 문학과 깨달음의 진공

한편으로 '안타까움/실망'은 전체 작품에서 가장 많이 나타나는 감정이지만 어떠한 감정과도 0.7 이상의 높은 상관관계를 보이지 않는다는 점은 특기할 만하다. '안타까움/실망'과 밀접한 상관성을 보이는 감정은 '불쌍함/연민'(0.69), '절망'(0.67), '슬픔'(0.64), '한심함'(0.63), '서러움'(0.62) 등인데, 이로써 '안타까움/실망'은 크든 작든 부정의 감정과 상관성을 갖는다는 것을 알 수 있다.

이는 전체 단편 소설에서 '안타까움/실망'이 한 순간 높게 나타나기보다는 다른 부정 감정과 연동해 부단히 나타나는 지배적인 감정임을 고려하면 개연적인 결과라고 할 수 있다.

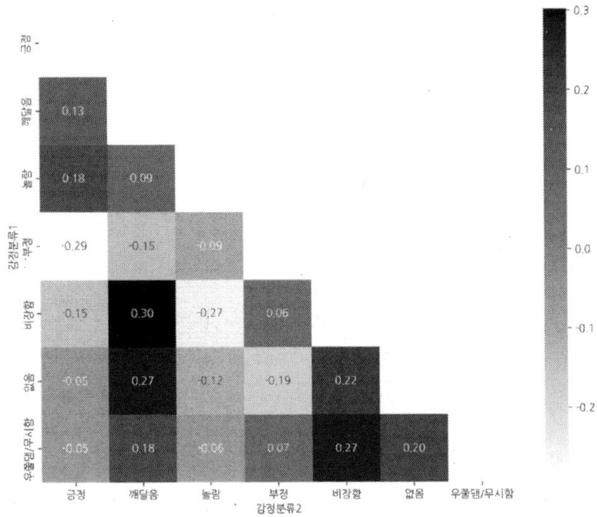

그림 8-3. 긍정/부정/중립의 세부 감정 간 상관관계

이는 중립 감정의 하나인 '깨달음' 역시 마찬가지지만 깨달음은 '안타까움/실망'과 달리 여타 감정과 높은 상관성을 갖지 않는, 비교적 독립적인 감정에 해당한다는 점에서 차이를 보인다.

그림 8-3은 긍정 감정 전체를 '긍정'이라는 하나의 라벨로 묶고, 부정 감정 전체를 '부정'이라는 하나의 라벨로 묶어 긍정 감정과 부정 감정, 개별 중립 감정의 평균

값들 간 상관관계를 히트맵으로 나타낸 것이다.

긍정 감정 및 부정 감정과 별다른 상관관계를 보이지 않는 '놀람', '비장함', '우쭐댐/무시함' 등의 중립 감정들과 달리, '깨달음'은 개별 중립 감정과 약하지만 괄목할 만한 상관관계를 보인다. '깨달음'은 중립 감정 중 특히 '비장함'(0.30), '없음'(0.27)과 연합한다.

'깨달음'이 '없음'과 약한 상관관계를 갖는 것은 롤랑 바르트가 《기호의 제국》에서 "깨달음[선(禪)의 경지에 도달하는 것]은 지식이나 주체를 동요하게 만드는 강력한(결코 형식적인 것이 아니다) 지진과도 같다. 그것은 말의 텅 빈 상태(vide de parole)다"라고 언급한 것을 연상케 한다.

즉 깨달음은 독자로 하여금 삶에 대한 새로운 인식 지평을 여는 기능을 수행하고, 이로써 일시적인 '감정적 진공'의 상태에 진입하게끔 촉진하는 것이다. '비장함(resolute)'과 상관성을 갖는 것은 깨달음이 인식 주체로 하여금 돌연히 내리꽂히는 진실에 대한 확신을 갖게끔 추동하기 때문이다. 이에 대해서는 〈날개〉의 사례를 살펴보면서 논의해 보도록 한다.

참고문헌

김왕배(2019). 《감정과 사회: 감정의 렌즈를 통해 본 한국 사회》. 한울아카데미.

이상(2009). 《정본 이상 문학 전집》. 김주현 주해. 소명출판(개정판, 2025).

이재복(2004). 〈종생기〉에 나타난 죽음의 의미와 근대성에 관한 고찰: 몸의 문제를 중심으로. 《한국문학이론과 비평》, 23, 186-211쪽, https://www.riss.kr/link?id=A104042324

Barthes, R.(1970). *L'empire des signes*. Seuil. 김주환·한은경 옮김(1997). 《기호의 제국》. 민음사.

09
AI로 본 이상의 〈날개〉

이상의 〈날개〉의 에피파니는 서사 후반, 다섯 번째 외출 후 미쓰꼬시 옥상에서 관찰된다. 이전 네 번째 외출 후의 공포는 거짓 깨달음으로 이어졌으나, 옥상에서의 자기 회고는 '인공 날개'라는 진정한 통찰로 이어진다. 이때 공포, 불안, 놀람 후 '깨달음'과 '아껴주는' 등의 긍정적 감정이 부상하며, 이는 〈집팽이轢死〉와는 다른 서정적 에피파니의 특징을 보인다.

AI와 화장품?

〈날개〉 속 외출과 공포의 증진

〈날개〉 역시 〈집팽이轢死〉와 마찬가지로 서사의 마지막 대목에서 에피파니가 관찰된다. 에피파니의 순간을 살피기에 앞서 먼저 〈날개〉 전체에 걸친 공포의 감정 흐름을 살펴보도록 한다. 그림 9-1은 전체 문장에 나타난 '공포/무서움'을 감정 흐름 선 그래프로 시각화한 것이다.

네 번째 외출을 감행하기 이전에 '공포/무서움'이 0.7 이상으로 두드러지는 지점은 "안해에게 돈을주고안해방에서 자보는것은 어디까지든지 좋았지만 만일 잘못해서 자정전에집에들어갔다가 안해의 눈총을맞는것은 그것은 여간 무서운일이아니었다"(ID:377), "덜덜덜덜 떨닌다"(ID:474)의 두 문장이다. 그러나 두 문장은 깨달음의 고조로 이어지지 않는다는 점에서 에피파니의 전조로 보기 어렵다.

네 번째 외출 이후부터 본격적으로 '공포/무서움'의 감정이 두드러지기 시작하며, 다음 다섯 문장이 0.7 이상의 '공포/무서움' 감정 확률을 보여 준다.

- "나를 조곰식조곰식 죽이려든것일까?"(〈날개〉, ID:559).
- "그랬드니 안해는 너머진내우에 덥치면서내살을 함부로 물어뜯는것이다."(〈날개〉, ID:572).

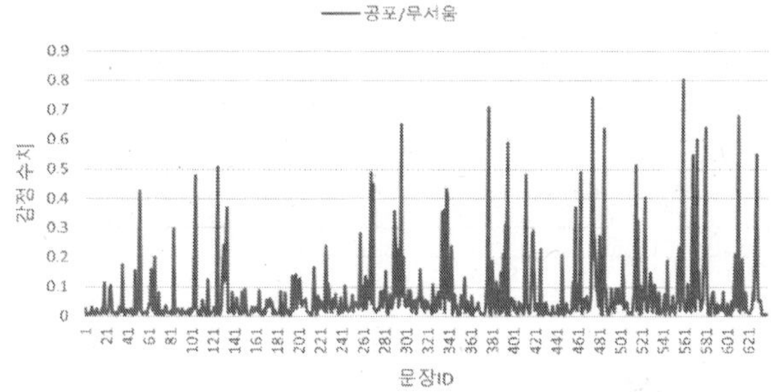

그림 9-1. 〈날개〉 속 '공포/무서움' 감정 흐름

• "너는 그야말로 나를 살해하려던 것이 아니냐고 소리를 한번 꽥 질러 보고도 싶었으나 그런 긴가민가한 소리를 섣불리 입 밖에 내었다가는 무슨 화를 볼는지 알 수 있나."(〈날개〉, ID:580).

• "그때 내 눈앞에는 아내의 모가지가 벼락처럼 내려 떨어졌다."(〈날개〉, ID:611).

• "사람들은 모두 네 활개를 펴고 닭처럼 푸드덕거리는 것 같고 온갖 유리와 강철과 대리석과 지폐와 잉크가 부글부글 끓고 수선을 떨고 하는 것 같은 찰나, 그야말로 현란을 극한 정오다."(〈날개〉, ID:628).

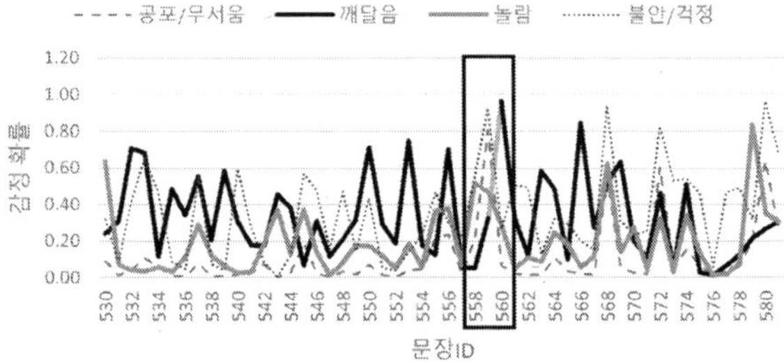

그림 9-2. 〈날개〉의 4번째 외출 후의 감정 흐름

네 번째 외출(〈날개〉, ID:530) 이후 처음 '공포/무서움'이 돌출되는 문장(〈날개〉, ID:559)은 작중 화자가 자신이 아스피린이 아닌 아달린을 먹어 왔음을 깨닫고 네 번째 외출(〈날개〉, ID:530)을 감행해 아내의 의도를 고찰(〈날개〉, ID:558)하는 대목이다.

아내가 아달린을 먹인 목적을 추론하던 '나'는 "나를 밤이나낮이나재워놓고 그리고 안해는 내가자는동안에 무슨짓을했나? 나를 조곰식조곰식 죽이려든것일까?"(〈날개〉, ID:558-559)에서 '경악'과 '놀람', '공포/무서움'의 감정을 느낀다.

그러나 이러한 공포심은 아내에 대한 의심을 애써 흐

리터분하게 하는 "그렇나 또 생각하야보면 내가 한달을 두고 먹어온것은 아스피린이었는지도모른다"(〈날개〉, ID:560)라는 거짓 깨달음을 통해 일시적으로 해소된다.

이때 깨달음은 에피파니의 순간을 포착한 것은 아닌데, 깨달음이 두려운 진실에 대한 통찰이 아닌 모면을 획책하기 위한 일종의 방어 기제로 돌출된 것으로 보이기 때문이다. '나'는 아내를 오해했을지 모른다는 가능성으로 스스로를 설유하며, 아내에게 미안함을 느끼기까지 한다.

그러나 네 번째 외출에서 귀가(〈날개〉, ID:564)하고서 '나'가 목격한 광경은 말 그대로 "눈으로는 절대로 보아서않될것"(〈날개〉, ID:569)이었다. 여기서 '나'는 두 번에 걸친 '공포/무서움'을 느낀다.

"그랬드니 안해는 너머진내우에 덥치면서내살을 함부로 물어뜯는것이다"(〈날개〉, ID:572)와 "너는 그야말로 나를 살해하려든것이아니냐고 소리를 한번 꽥 질러보고도싶었으나 그런 깅가망가한소리를섯불니 입밖에 내였다가는 무슨화를볼른지 알수있나"(〈날개〉, ID:580)가 바로 그 지점이다.

그러나 이 대목의 '공포/무서움' 역시 '깨달음'으로 이어지지는 않는다는 점에서 에피파니의 순간이라고 하기는 어렵다. 단지 아내의 부정을 눈으로 직접 확인한 결과로 종전에 이루었던 거짓 깨달음이 와해되는 순간일 뿐이다. 외면하고자 했던 진상과 대면한 '나'는 "줄달음박질을 쳐서 나와"(〈날개〉, ID:581) 경성역으로 향한다.

'인공 날개'의 발견과 에피파니

다섯 번째 외출(〈날개〉, ID:582)을 감행한 '나'는 쓰디쓴 입맛을 달래기 위해 커피를 마시려 하나 자신이 무일푼 신세임(〈날개〉, ID:586)을, 몇 시간 후 자신이 미쓰꼬시 옥상에 있는 것(〈날개〉, ID:591)을 깨닫는다. 이곳에서 '나'는 "또 나 자신에게 물어보"(〈날개〉, ID:594)면서 스스로의 삶을 회고하기 시작한다.

이 시점부터 깨달음을 포함해 여타 감정 전반은 하향선을 그리다가 "나는 피로와 공복 때문에 무너져 들어가는 몸뚱이를 끌고 그 회탁의 거리 속으로 섞여 들어가지 않는 수도 없다 생각했다"(〈날개〉, ID:608)라는 대목에서 새롭게 깨달음의 감정이 고조되기 시작한다.

이윽고 '나'는 "눈앞에는 아내의 모가지가 벼락처럼 내려 떨어"(〈날개〉, ID:611)지는 것을 보며 공포를 느낀다. 이는 "우리들은 서로 오해하고있"(〈날개〉, ID:613)으며 "우리부부는 숙명적으로 발이맞지않는 절늠바리인것"

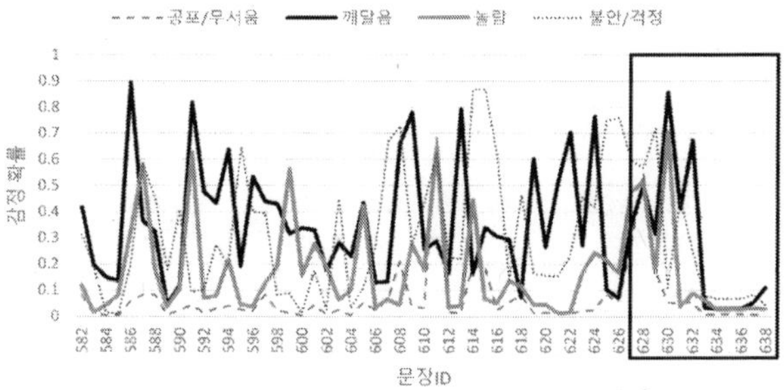

그림 9-3. 〈날개〉의 5번째 외출 후의 감정 흐름

(〈날개〉, ID:619)이지만 "사실은 사실대로 오해는 오해대로 그저 끝없이 발을 절뚝거리면서 세상을 거러가면 되는것"(〈날개〉, ID:622)이라는 새로운 깨달음의 순간으로 이어지게 된다.

ID:627부터 나타나는 후반부의 에피파니 패턴의 그래프를 확대해서 살펴보면 그림 9-4와 같다.

그리고 돌연 사이렌이 울리며 "사람들은 모도 네활개를펴고 닭처럼 푸드덕거리는것같고 온갖 유리와 강철과 대리석과지폐와잉크가 부글부글 끓고 수선을떨고 하는 것같은 찰나, 그야말로 현란을 극한 정오"(〈날개〉, ID:628)가 찾아온다.

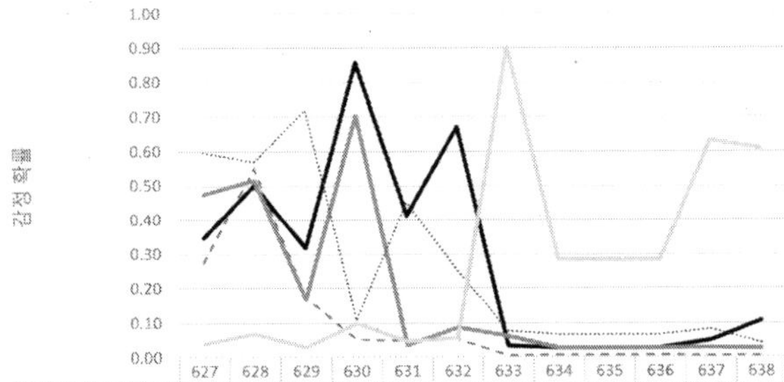

	627	628	629	630	631	632	633	634	635	636	637	638
공포/무서움	0.27	0.55	0.17	0.05	0.05	0.05	0.01	0.01	0.01	0.01	0.01	0.01
깨달음	0.35	0.50	0.32	0.86	0.41	0.67	0.03	0.03	0.03	0.03	0.05	0.11
놀람	0.47	0.52	0.17	0.70	0.04	0.09	0.06	0.03	0.03	0.03	0.03	0.03
불안/걱정	0.60	0.57	0.72	0.11	0.45	0.25	0.08	0.07	0.07	0.07	0.08	0.04
아껴주는	0.04	0.07	0.03	0.10	0.05	0.06	0.90	0.28	0.28	0.28	0.63	0.61

문장ID

그림 9-4. 〈날개〉의 에피파니 순간의 감정 흐름

이 환상적인 광경은 실은 인파가 거리를 왕래하는 경성의 일상적인 풍경에 지나지 않는 것이지만 '찰나'의 현시로서 모종의 통찰에 직결되는 것이기도 하다.

그리고 그 통찰이란 바로 "아하그것은 내 인공의날개가돋았든자족이다"(〈날개〉, ID:630)라는 깨달음이다. 이때 깨달음은 '가렵다'는 피부 감각, 구체적으로는 통각과 함께 찾아온다.

여기서 "전신이 가렵다는 표현은 불완전하고 불구적

인 몸, 다시 말하면 근대의 시각 중심주의를 표상하는 그런 몸이 아니라 전신의 감각을 회복한 온전한 근대를 함축하고 있는 몸에 대한 글쓰기 주체의 욕망을 드러낸 것"으로 읽을 수 있다.

〈날개〉의 에피파니의 특징

〈날개〉의 에피파니가 〈집팽이轢死〉와 변별되는 지점은 에피파니의 순간 직후다. 〈집팽이轢死〉가 공포와 깨달음의 연쇄로 감정 서사가 마무리되는 반면, 〈날개〉의 경우 마지막 "날개야 다시 돋아라."(〈날개〉, ID:633)라는 외침에서 '아껴주는' 같은 긍정적 감정의 부상이 나타난다.

이러한 에피파니의 감정 패턴은 극적 에피파니라기보다는 서정적 에피파니에 가까워 보인다. 극적 에피파니는 "객관적이며 단편적인 스케치"(선주원, 2009)를 통해 주체로 하여금 모종의 성찰에 이르게 하는 한편, 서정적 에피파니는 "극적 에피파니를 서정적인 글귀와 꿈의 해석으로 결합시킴으로써"(선주원, 2009) 광휘의 순간을 가시화하는데, 〈날개〉에서는 에피파니의 순간이 인식 주체가 실존적 도약을 희구하는 것으로 연결되기 때문이다.

이러한 에피파니의 순간은 문학 경험의 핵심으로, 이를 통해 독자는 자신의 삶을 성찰하고 재구하게 된다. 현대 독자에게 '이상'이라는 과거의 작가가 단순히 타자로 남지 않는 것은 이 때문이다. 작중 인물이 에피파니를 통해 서사 전반을 꿰뚫는 일말의 진실에 달할 때, 독자는 타인의 서사를 자신의 것으로 성찰하게 된다.

〈날개〉 후반부에 나타난 에파파니의 패턴을 요약하자면 다음과 같다.

다섯 번째 외출을 감행한 이후, '나'는 미쓰꼬시 옥상에서 "정오 싸이렌"(〈날개〉, ID:627)과 "사람들은 모도네활개를펴고 닭처럼 푸드덕거리는것같"은 광경을 계기로 "온갖 유리와 강철과 대리석과지페와잉크가 부글부글 끓고 수선을떨고 하는것같은 찰나"(〈날개〉, ID:628), 불현듯 겨드랑이에서 피부 감각, 구체적으로는 통각의 일종인 가려움의 감각과 더불어 '공포/무서움'(0.55), '불안/걱정'(0.57)의 두려움 군의 감정과 '놀람'(0.52)의 감정을 느낀다.

그리고 신체를 매개로 한 외부 세계의 지각은 불시에 "아하그것은 내 인공의날개가돋았든자족"(〈날개〉, ID:630)이라는 새로운 통찰로 이어진다. 그야말로 "희망과야심의 말소된페—지가 띡슈내리넘어가듯 번뜩"(〈날개〉, ID:631)인 것이다.

이때 깨달음에 "날개야 다시 돋아라."(〈날개〉, ID:633)라는 일종의 자기 선언이 후행하며 '아껴주는'의 감정이 고조되는 것은 〈날개〉 후반부 에피파니의 특징적인 지점이라고 할 수 있다.

참고문헌

선주원(2009). 에피파니 인식과 서사적 정체성 구성을 위한 서사교육. 《국어교육》, 129, 263-290쪽, https://www.riss.kr/link?id=A76553035

이상(2009). 《정본 이상 문학 전집》. 김주현 주해. 소명출판(개정판, 2025).

10
문학 감정 분석의 미래

딥 러닝 기반의 감정 분석은 일관된 분류라는 장점이 있지만, 문학적 맥락을 이해하는 데 아직 한계가 있다. 이를 극복하기 위해서는 문학에 특화된 데이터세트의 구축 및 투명한 공유가 필요하다. 더 많은 연구자들의 참여를 통해 문학 디지털 감정 연구의 새로운 장을 열기를 기대한다.

종교와 AI?

문학 감정 분석의 현주소

지금까지 딥 러닝 모델을 활용한 문학 감정 분석 연구 사례를 살펴보았다. 딥 러닝 기술을 활용할 경우, 연구자의 정성적 판단을 통계적 모델로 이식할 수 있고, 이를 바탕으로 일관적이고 재현 가능한 감정의 정량화가 가능하다는 것은 이러한 접근이 갖는 분명한 장점이라고 할 수 있다.

그러나 이 연구가 갖는 한계 역시 명확하다. 우선, 기술적 한계로 인해 맥락 이해의 어려움을 들 수 있다. 딥 러닝 기술의 발전에 힘입어 많은 개선이 이뤄졌음에도, 여전히 문학의 언어, 즉 풍자와 아이러니, 미묘한 뉘앙스 등을 완벽히 잡아내지는 못하고 있다.

또한 동형이의어, 중의적 표현으로 인한 모호성(ambiguity)도 난제다. "차가웠다"라는 표현이 날씨를 말하는지, 태도를 말하는지, 감정을 말하는지에 따라 해석이 달라질 수 있지만, 이는 문맥 및 상식을 종합해야 알 수 있다.

앞으로 세상의 더 많은 지식과 맥락 정보를 통합하고 대화의 흐름 전체를 반영하는 담화 수준의 감정 분석이 발전하면 이러한 한계는 점차 줄어들 것이다.

그러나 기술적인 개선만이 해법은 아니다. 기술적 문

제 이외에 문학 연구자가 기여할 수 있는 방법도 있다. 문학 텍스트에 최적화된 독자적인 감정 분류 데이터세트를 구축하는 것이 바로 그것이다.

감정 분류 데이터세트의 구축과 활용은 인간의 주관적 영역이었던 감정을 더 체계적이고 일관된 방식으로 분석할 수 있게 한다.

물론 감정이라는 복잡한 인간 경험을 기계적으로 모델링하는 데에는 한계가 있지만, 정량적 접근과 정성적 접근을 상호 보완적으로 활용하면 보다 깊이 있는 통찰에 도달할 가능성이 있다.

문학 감정 데이터세트 구축

감정 분석을 위한 데이터세트 구축은 단순한 기술적 작업이 아니라 인간의 감정을 어떻게 이해하고 분류할 것인가에 대한 철학적 고민을 담고 있는 인문학적 작업이다.

정교한 감정 분류 체계와 풍부한 데이터세트의 구축은 텍스트에 담긴 감정의 세계를 더욱 다채롭게 탐색할 수 있는 실질적 기반이 된다. 실제 한국 근대시 텍스트에 대한 감정 레이블링을 한 K포엠(KPoEM)은 한국 시 텍스트의 감정을 보다 정확하게 식별했다. 최소한 연구자들이 세운 기준과 매우 유사하게 식별했다.

한국 근대시 텍스트에 대한 감정 레이블링을 수행함으로써 한국 근대시에 최적화를 도모한 K포엠 데이터세트 같은 경우가 좋은 사례라고 할 수 있다. 가령 K포엠데이터세트를 사전 학습 언어 모델인 Kc엘렉트라(KcELECTRA)에 파인 튜닝한 결과 더 좋은 감정 식별이 가능해진 사례(LIM, 2025)가 있다.

한국 시에서 표출되는 감정을 레이블링한 K포엠은 너무 당연하게도 현대 일반인들의 감정을 기반으로 하는 코테(KOTE)에 비해 한국 시의 감정을 보다 정확하게 식별했다.

이렇듯 구축된 문학 감정 데이터세트는 그 자체로도 정량적 분석의 대상이 되며, 파인 튜닝 같은 방법을 통해 문학에 특화된 딥 러닝 언어 모델 구현에 활용될 수 있다. 이러한 데이터를 바탕으로 감정 분석을 수행할 경우 정확도 면에서 훨씬 적확한 성취를 얻을 수 있다.

최근 들어 기존의 감정 데이터세트를 활용하는 방식에서 벗어나, 문학에 특화된 감정 레이블링 데이터세트에 바탕해 감정 분석을 시도한 전산적 문학 연구가 조금씩 늘고 있다.

강우규 · 김바로(2024)는 《창선감의록》에 대한 감정 주석 데이터세트를 바탕으로 딥 러닝 기반 문학 감정 분류 모델인 '강우규 모델'(v.1.1.1.)을 구현하고 이를 검증한 바 있으며, 강우규(2024)는 같은 모델을 활용해 삼대록계 국문 장편 소설에 대한 감정 분석 및 문학적 해석을 시도하기도 했다.

그러나 이 책에서 소개한 연구의 경우, 한국 근대 문학에 최적화된 데이터세트 및 모델을 활용하지 않았다. 딥 러닝 기반 감정 분석을 위해 채택한 Kc엘렉트라 모델과 코테 데이터세트는 온라인 댓글에 기반해 만들어진 모델과 데이터세트기 때문이다. 이는 현실적으로 문학이라는 도메인(domain)에 특화된 감정 데이터세트를 단시일 내에 구축할 수 없었다는 한계로 인한 것이다.

개인이 구축할 수 있는 문학 데이터세트는 양적 측면에서 한계가 있으므로, 이러한 문제를 근본적으로 해결하기 위해서는 더 많은 문학 연구자들의 적극적 참여가 필요하다.

보다 많은 양의 한국 근대문학 텍스트가 공공 데이터 형식으로 구축된다면 전산 문학 연구가 갖는 문제점의 상당 부분이 극복될 수 있다.

그리고 이렇게 구축된 대규모의 공공 문학 데이터세트가 있다면, 이는 컴퓨터를 활용한 문학 연구의 가능성도 보다 무궁무진해진다. 예를 들어, 작품 간 비교가 가능해진다. 이는 앞서 소개한 이상 단편 소설에 대한 디지털 감정 분석 연구에서도 활용한 것이다.

서로 다른 작품 간의 언어 양상, 감정 서사의 차이 같은 것을 정량적으로 비교함으로써 새로운 통찰이 가능해질 수 있다. 예를 들어 앞서 살펴본 것과 같이 감정 흐름의 패턴 분석을 통해 서사 구조나 극적 순간을 포착하는 것도 가능하다.

또한 데이터세트가 보다 많은 작가의 텍스트를 포괄한다면, 작가 간의 계량적으로 비교하고 분석하는 것도 가능해진다. 구체적으로, 작가들 간의 문체적 양상이 어떻게 다른지, 혹은 지배적 감정의 패턴이 어떻게 나타나는지 등을 비교할 수 있다.

다국어 언어 모델처럼 여러 언어에 대한 학습이 충분히 이뤄진 모델을 활용하면 서로 다른 언어로 쓰인 작품에 대해서도 하나의 모델에 기반한 접근이 가능할 수 있다.

이상의 단편 소설에 대한 감정 분석은 단순한 계량화

가 아니다. 그것은 새로운 문학적 인식론을 열기 위한 시도이며, 감정이라는 수단을 통해 문학이 어떻게 독자와 조우하는지를 다른 방식으로 살펴보기 위한 시도다. 이는 '멀리서 읽기'로 전체 흐름을 조망하고, '가까이 읽기'로 한 문장의 정서를 파고드는 이중적 접근을 통해 가능해진다.

비평은 종종 확신의 언어로 말하지만, 감정 분석은 확률과 패턴의 언어로 말한다. 그 언어는 불완전하지만, 바로 그 불완전함이 문학의 또 다른 해석 가능성을 열어준다고 할 수 있다.

물론 '에피파니'의 포착에서 더 많은 양의 문학 텍스트를 바탕으로 논하지 못했다는 것 역시 이 연구의 한계라고 할 수 있다. 이러한 문제는 데이터세트의 축적으로 점차 나아질 것으로 기대한다.

감정 분석의 미래는 어떨까? 앞으로는 문화적 맥락이나 개인별 미묘한 감정 차이까지 이해하는 방향의 연구로 확장될 수도 있다. 또한 멀티모달 데이터를 활용한 입체적 감정 인식도 활성화될 것으로 전망한다. 감정은 인간 소통의 핵심 요소인 만큼, 이를 정확히 파악하고 적절히 대응하는 인공지능은 문학을 비롯한 인문학의 제 분야에서 큰 역할을 수행할 것으로 기대된다.

참고문헌

강우규(2024). 인공지능과 함께 국문장편소설의 감정 읽기: 《유효공선행록》을 대상으로. 《다문화콘텐츠연구》, 50, 111-146쪽, https://www.kci.go.kr/kciportal/ci/sereArticleSearch/ciSereArtiView.kci?sereArticleSearchBean.artiId=ART003155335

강우규·김바로(2024). 국문장편소설의 감정에 대한 정성적·정량적 연구 시론: 《창선감의록》과 《소현성록》을 중심으로. 《고소설연구》, 58, 223-258쪽, https://www.kci.go.kr/kciportal/ci/sereArticleSearch/ciSereArtiView.kci?sereArticleSearchBean.artiId=ART003167773

임이로 외(2025.2.13). 한국 근현대시 감정 레이블링 데이터셋 구축: 문학 텍스트의 컴퓨터 기반 감정 분류와 생성형 AI 활용을 위한 기초 연구. 제2회 한국현대문학자대회, https://doi.org/10.5281/zenodo.15055795

지해인(2024.6.28). 디지털 감각·감정 분석을 통한 이상 문학의 에피파니 연구. OSF, https://osf.io/964nc

Hatzel, H. O. et al.(2023.8). Machine learning in computational literary studies. *it-Information technology,* 65(4-5), pp.200-217, https://www.researchgate.net/publication/373407413_Machine_learning_in_computational_literary_studies

지해인

한국학중앙연구원 디지털인문학연구소 연구원. 한국학중앙연구원 한국학대학원 인문정보학 전공에서 "디지털 감각·감정 분석을 통한 이상 문학의 에피파니 연구"로 문학석사 학위를 받고, 동 대학원에서 박사과정을 밟고 있다. 한국전통문화대학교에서 강의하며, '전산 문학 연구(computational literary studies, CLS)'를 필두로 한 디지털 인문학의 제 분야에 관심을 갖고 연구하는 나날을 보내고 있다.

김바로

한국학중앙연구원 인문정보학 조교수. 북경대학교에서 역사학 학사 및 석사, 한국학중앙연구원에서 "제도와 인사의 관계성 데이터 아카이브 구축과 활용"으로 박사 학위를 받았다. 중앙대학교 HK+인공지능인문학사업단 HK연구교수를 지냈으며, 한국외대, 경희대 등에서 강의했다. 저서로는 《디지털 인문학 입문》(2016), 《AI가 내려온다》(2022) 등이 있다. "국문장편소설의 감정에 대한 정성적·정량적 연구 시론"(2024), "한국역사인물데이터베이스 설계 시론"(2023), "〈공공데이터법〉과 인문데이터"(2022) 등 다수의 논문을 게재했다. '知其不可而爲之'를 늘 새기며, 디지털인문학이라는 캔버스 위에 인문학의 깊이와 디지털 기술의 혁신을 담아내는 연구와 교육에 정진하고 있다.